県立中央中等教育学校
市立四ツ葉学園中等教育学校
市立太田中学校

〈収録内容〉

■ 適性検査 Ⅱは県立中央中等教育学校で実施。
■ 作文は市立太田中学校で実施。
■ 市立四ツ葉学園中等教育学校で実施のパーソナルプレゼンテーションについて[illegible]公表のため収録しておりません。

2024 年度 ……………………………適性検査 Ⅰ・Ⅱ・作文

2023 年度 ……………………………適性検査 Ⅰ・Ⅱ・作文

2022 年度 ……………………………適性検査 Ⅰ・Ⅱ・作文

2021 年度 ……………………………適性検査 Ⅰ・Ⅱ・作文

2020 年度 ……………………………適性検査 Ⅰ・Ⅱ・作文
※作文は、問題に使用された作品の著作権者が二次使用の許可を出していないため、問題の一部を掲載しておりません。

DL 2019 年度 ……………………………適性検査 Ⅰ・Ⅱ・作文

DL 平成 30 年度 ……………………………適性検査 Ⅰ・Ⅱ・作文

DL 平成 29 年度 ……………………………適性検査 Ⅰ・Ⅱ・作文

DL 平成 28 年度 ……………………………適性検査 Ⅰ・Ⅱ・作文

便利な DL コンテンツは右の QR コードから

解答用紙

過去年度

問題は
紙面に掲載

⇒

※データのダウンロードは 2025 年 3 月末日まで。
※データへのアクセスには、右記のパスワードの入力が必要となります。 ⇒ 325824

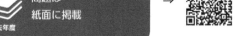

本書の特長

実戦力がつく入試過去問題集

- ▶ 問題 …………… 実際の入試問題を見やすく再編集。
- ▶ 解答用紙 …… 実戦対応仕様で収録。
- ▶ 解答解説 …… 解答例は全問掲載。詳しくわかりやすい解説には、難易度の目安がわかる「基本・重要・やや難」の分類マークつき（下記参照）。各科末尾には合格へと導く「ワンポイントアドバイス」を配置。

入試に役立つ分類マーク

基本 確実な得点源！
受験生の90%以上が正解できるような基礎的、かつ平易な問題。
何度もくり返して学習し、ケアレスミスも防げるようにしておこう。

重要 受験生なら何としても正解したい！
入試では典型的な問題で、長年にわたり、多くの学校でよく出題される問題。
各単元の内容理解を深めるのにも役立てよう。

やや難 これが解ければ合格に近づく！
受験生にとっては、かなり手ごたえのある問題。
合格者の正解率が低い場合もあるので、あきらめずにじっくりと取り組んでみよう。

合格への対策、実力錬成のための内容が充実

- ▶ 各科目の出題傾向の分析、最新年度の出題状況の確認で、入試対策を強化！
- ▶ その他、学校紹介、過去問の効果的な使い方など、学習意欲を高める要素が満載！

解答用紙ダウンロード 解答用紙はプリントアウトしてご利用いただけます。弊社ＨＰの商品詳細ページよりダウンロードしてください。トビラのＱＲコードからアクセス可。

famima PRINT 原本とほぼ同じサイズの解答用紙は、全国のファミリーマートに設置しているマルチコピー機のファミマプリントで購入いただけます。※一部の店舗で取り扱いがない場合がございます。詳細はファミマプリント（http://fp.famima.com/）をご確認ください。

UD FONT 見やすく読みまちがえにくいユニバーサルデザインフォントを採用しています。

●●● 公立中高一貫校の入学者選抜 ●●●

ここでは，全国の公立中高一貫校で実施されている入学者選抜の内容について，その概要を紹介いたします。

公立中高一貫校の入学者選抜の試験には，適性検査や作文の問題が出題されます。

多くの学校では，「適性検査Ⅰ」として教科横断型の総合的な問題が，「適性検査Ⅱ」として作文が出題されます。しかし，その他にも「適性検査」と「作文」に分かれている場合など，さまざまな形式が存在します。

出題形式が異なっていても，ほとんどの場合，教科横断的な総合問題(ここでは，これを「適性検査」と呼びます)と，作文の両方が出題されています。

それぞれに45分ほどの時間をかけていますが，そのほかに，適性検査がもう45分ある場合や，リスニング問題やグループ活動などが行われる場合もあります。

例として，東京都立小石川中等教育学校を挙げてみます。

① 文章の内容を的確に読み取ったり，自分の考えを論理的かつ適切に表現したりする力をみる。

② 資料から情報を読み取り，課題に対して思考・判断する力，論理的に考察・処理する力，的確に表現する力などをみる。

③ 身近な事象を通して，分析力や思考力，判断力などを生かして，課題を総合的に解決できる力をみる。

この例からも「国語」や「算数」といった教科ごとの出題ではなく，「適性検査」は，私立中学の入試問題とは大きく異なることがわかります。

東京都立小石川中等教育学校の募集要項には「適性検査により思考力や判断力，表現力等，小学校での教育で身に付けた総合的な力をみる。」と書かれています。

教科知識だけではない総合的な力をはかるための検査をするということです。

実際に行われている検査では，会話文が多く登場します。このことからもわかるように，身近な生活の場面で起こるような設定で問題が出されます。

これらの課題を，これまで学んできたさまざまな教科の力を，知識としてだけではなく活用して，自分で考え，文章で表現することが求められます。

実際の生活で，考えて，問題を解決していくことができるかどうかを学校側は知りたいということです。

問題にはグラフや図，新聞なども多く用いられているので，情報を的確につかむ力も必要となります。

算数や国語・理科・社会の学力を問うことを中心にした問題もありますが，出題の形式が教科のテストとはかなり違っています。一問のなかに社会と算数の問題が混在しているような場合もあります。

少数ではありますが，家庭科や図画工作・音楽の知識が必要な問題も出題されることがあります。

作文は，文章を読んで自分の考えを述べるものが多く出題されています。

文章の長さや種類もさまざまです。筆者の意見が述べられた意見文がもっとも多く採用されていますが，物語文，詩などもあります。作文を書く力だけでなく，文章の内容を読み取る力も必要です。

調査結果などの資料から自分の意見をまとめるものもあります。

問題がいくつかに分かれているものも多く，最終の１問は400字程度，それ以外は短文でまとめるものが主流です。

ただし，こちらも，さまざまに工夫された出題形式がとられています。

それぞれの検査の結果は合否にどのように反映するのでしょうか。

東京都立小石川中等教育学校の場合は，適性検査Ⅰ・Ⅱ・Ⅲと報告書(調査書)で判定されます。

報告書は，400点満点のものを200点満点に換算します。

適性検査は，それぞれが100点満点の合計300点満点を，600点満点に換算します。

それらを合計した800点満点の総合成績を比べます。

このように，形式がさまざまな公立中高一貫校の試験ですが，文部科学省の方針に基づいて行われるため，方向性として求められている力は共通しています。

これまでに出題された各学校の問題を解いて傾向をつかみ，自分に足りない力を補う学習を進めるとよいでしょう。

また，環境問題や国際感覚のような出題されやすい話題も存在するので，多くの過去問を解くことで基礎的な知識を蓄えておくこともできるでしょう。

適性検査に特有の出題方法や解答方法に慣れておくことも重要です。

また，各学校間で異なる形式で出題される適性検査ですが，それぞれの学校では，例年，同じような形式がとられることがほとんどです。

目指す学校の過去問に取り組んで，形式をつかんでおくことも重要です。

時間をはかって，過去問を解いてみて，それぞれの問題にどのくらいの時間をかけることができるか，シミュレーションをしておきましょう。

検査項目や時間に大きな変更のある場合は，事前に発表がありますので，各自治体の教育委員会が発表する情報にも注意しましょう。

〒370-0003　高崎市新保田中町184
☎027-370-6663
交通　ＪＲ新前橋駅・井野駅　自転車15分

県立 中央《ちゅうおう》 中等教育学校

https://chuo-ss.gsn.ed.jp/

［プロフィール］

・平成16年４月、県立学校では初の中高一貫教育校として開校。

・めざす生徒像は**“World Citizen”（地球市民としての日本人）**

［カリキュラム］

・６年間を**基礎期**（１、２年次）・**充実期**（３、４年次）・**発展期**（５、６年次）に分け、段階的に学習する。

・数学と英語では**少人数編制**（15人程度）の授業を実施。きめ細かな指導が行われる。

・総合的な学習の時間に、スーパーグローバルハイスクールの後継として独自の教育プログラム「**FEWC**（フューク・地球市民育成のための開拓的教育）」を実践している。また、英語によるコミュニケーション能力を習得するため、特設科目「**ECOM**」を後期課程に設置する。

・日本文化学習室やマルチメディアライブラリー、ICTルームなど、教育環境が充実している。

［行　事］

・新入生宿泊オリエンテーション、紫陽祭、芸術鑑賞教室、イングリッシュキャンプ、修学旅行、合唱発表会、百人一首大会などを実施。

［進　路］

・卒業生の主な進学先は、東京大、京都大、東北大、北海道大、群馬大など。

［トピックス］

・選抜に際しては、調査書、適性検査I、同II、面接の結果を３：３：２：２の比重で総合的に判定（令和６年度）。

・保護者と共に県内に居住する小学校卒業予定者なら誰でも受検できるが、他の国公立学校との併願は不可。

入試！インフォメーション

※本欄の内容は令和６年度入試のものです。

受検状況（数字は男／女／計。）

募集定員			志願者数			受験者数			実質倍率		
60	60	120	173	192	365	172	192	364	2.9	3.2	3.0

〒372-0013　伊勢崎市上植木本町1702-1
☎0270-21-4151
交通　ＪＲ伊勢崎駅　自転車15分
　　　東武伊勢崎線新伊勢崎駅　自転車15分

伊勢崎市立 四ツ葉学園《よつばがくえん》 中等教育学校

http://www.yotsuba-ss.ed.jp/

［プロフィール］

・全国初の市立中等教育学校として、平成21年４月に開校。

・教育理念は「**高い知性と豊かな道徳性を身に付けた教養人の育成**」。

・令和４年度より**ユネスコスクール**加盟校となった。

［カリキュラム］

・数学と英語では**少人数・習熟度別編制**の授業が行われる（15人程度）。

・**スキルアッププログラム（SUP）**として、個別の補充学習や検定資格取得に向けた指導を実施。

・５年次に全員が**海外グローバルリーダー研修**に参加するなど、英語力の活性化をめざす。

［行　事］

・宿泊オリエンテーション、海外語学研修、合唱コンクールなどを実施。

［進　路］

・卒業生の主な進学先は、東京大、京都大、北海道大、東北大、名古屋大、群馬大、筑波大など。

［トピックス］

・選抜に際しては、調査書、適性検査Ⅰ、パーソナルプレゼンテーションの結果を３：４：３の比重で総合的に判定。**パーソナルプレゼンテーション**は、提示されたテーマについて、体験等をもとに、自分の考えをまとめて口頭で表現する力をみる。また、志願の動機等についての質問も併せて行う。なお、海外の学校に在籍した経験のある者やインターナショナルスクール等に在籍している者は、英語による発表も認められる。その場合は、出願時に申し出る。

・市立学校だが、保護者と共に県内に居住する小学校卒業予定者なら誰でも受検することが可能。他の国公立学校との併願は不可。

入試！インフォメーション

※本欄の内容は令和６年度入試のものです。

受検状況（数字は男／女／計。）

募集定員			志願者数			受験者数			実質倍率		
60	60	120	123	125	248	123	125	248	2.1	2.1	2.1

太田市立 太《おお》田《た》中学校

〒373-0842　太田市細谷町1510
☎0276-31-3322
交通　東武伊勢崎線細谷駅　徒歩５分

http://www.ota.ed.jp/ota-j/

［プロフィール］

・平成24年４月、併設型中高一貫教育校として開校。

・教育理念は「**確かな知性・豊かな人間性・たくましい心身を培い，高い志をもち，自ら未来を拓く生徒を育成する**」。

［カリキュラム］

・基礎学力徹底のため、１学年の理科、２・３学年の数学、３学年の国語、各学年の英語の授業時間数を標準よりそれぞれ35時間ずつ増やしている。

・**情報通信技術（ICT）**の授業は日本でトップクラスの設備が使用される。

［行　事］

・百貨市（販売実習）、体育大会、イングリッシュキャンプ、修学旅行、東京校外学習、スキー合宿、百人一首大会などを行う。

［進　路］

・無試験で市立太田高校に進学することができる。太田高校には普通科と商業科が設置される。高校進学時に新たに生徒募集が行われるが、各科の募集人数は定員から太田中学校卒業生の希望者数を除いた数となる。

［トピックス］

・選抜に際しては、調査書、適性検査Ⅰ、作文、面接の結果を４：２：２：２の比重で総合的に判定（令和６年度）。

・中央中等教育学校や四ツ葉学園中等教育学校と同様、保護者と共に県内に居住する小学校卒業予定者が受検できる。他の国公立学校との併願ができない点も、上記2校と同じである。

入試！インフォメーション

※本欄の内容は令和６年度入試のものです。

受検状況　（数字は男／女／計。）

募集定員			志願者数			受験者数			実質倍率		
51	51	102	82	108	190	82	108	190	1.6	2.1	1.9

群馬県公立中等教育学校・中学校

出題傾向の分析と合格への対策

●出題傾向と内容

適性検査Ⅰ(3校共通)に加えて，中央中等教育学校は適性検査Ⅱを，市立太田中学校は作文を，市立四ツ葉学園中等教育学校はパーソナル・プレゼンテーション(自己表現)を実施。

適性検査Ⅰは大問数2題，小問数7～14題からなる。適性検査Ⅱは記述問題4～5題からなる。作文が出題されることもある。

適性検査Ⅰについて，【問題1】は，算数分野から表の読み取りとそのデータを利用して求める問題が，国語分野から会話文のあなうめや読解と，問題をふまえた上での作文問題が出題される。また，社会と理科の問題も出題される場合がある。【問題2】は，社会，算数分野から表やグラフなどの資料分析，国語分野から会話文，意見文を書く問題が出題される。いずれも自分の意見を記述する力や表現力が重要になる検査である。

適性検査Ⅱについては，文章を読んで，その文章内容と資料をもとにした記述が求められた。2～3つの文章を読んだ上で筆者の考えや自分の考え，体験談を書く形式になっている。

市立太田中で実施された作文は，資料を読み，自分の考えを解答する問題や，自分の経験をふまえて解答する問題が出題された。いずれも200～600字程度で年度によって文字数は異なる。

適性検査Ⅰ・適性検査Ⅱ・作文のいずれも非常に記述する量が多いが，一方で試験時間が45分と短めに設定されている。適性検査Ⅰは解答できる問題から優先して答え，適性検査Ⅱ・作文は自分の意見を順序良くまとめていくなど，解答する工夫も重要になる。

● 2025 年度の予想と対策

適性検査Ⅰでは，国語表現の問題を中心とした問題構成での出題が続くと思われる。自分の考えや意見を制限字数内でまとめる練習をしておくとよい。これらの問題では，自分で筋道を立てて考えていく力や考えを伝える力，問題解決のために工夫する力が試験の対象となっているので，意識しておくことが大切である。表やグラフの読み取りに関する力も問題を解くことで身につけておきたい。

適性検査Ⅱ・作文は学校により異なるが，記述式という傾向は変わらないと思われる。文章の要旨を読み取る問題，テーマが与えられる問題，放送を聞いて答える問題など，様々な出題形式を想定しておくとよい。また，テーマをふまえて，自分の体験を挙げ，考えを表現する力を養っておく。新聞のコラムなどの短い文章を読み，自分の体験にむすびつけて考える習慣もつけておきたい。作文の字数は400字以上600字以内が多いが，300字以上400字以内や，200字以内，300字以内など様々である。文字数によってどのように順序だてをするか考えるようにする。何を書くかの構想に時間をかけたいので，自分が書くのにかかる時間をあらかじめ測っておき，時間配分を決めておくとよい。

学習のポイント

決まった解き方や考え方を覚えるのではなく，自分で工夫して解決する力が問われている。様々な問題を解決する方法を考えてみたり，たくさんの文章を読んだりして，ひとつの考えに固執せず，いろいろな方法を試してみる考えの柔軟さを身につけよう。

MEMO

大切なことはメモしておこうネ！

2024年度

★★★★★★★★★★★★★★★★★★★★★★★

入　試　問　題

2024年度

群馬県公立中等教育学校・中学校入試問題

【適性検査Ⅰ】（45分）

【問題１】

次の文章を読んで，(1)から(4)の問いに答えましょう。**答えは，解答用紙（２枚中の１）に記入しましょう。**

あやかさんたち図書委員会のメンバーは，11月の読書月間に，全校児童に読書に親しんでもらうためにできることを，委員会の時間に考えることにしました。

(1)　次の**会話文**は，あやかさんたちが，読書月間にどのような活動をするか話し合いをしている様子です。

会話文

あやか：今年の読書月間は何をしようか。
さくら：去年はどんなことをしたのかな。
たくま：去年は図書室に行くたびに，ポイントカードにスタンプを押《お》してもらえたよ。
ゆうた：それによって図書室に行く回数に変化はあったのかな。先生に資料をもらったよ。
（ ― **資料１**を見ています ― ）
たくま：この資料を見ると，図書室に行く回数が増えたっていえると思うよ。１か月間一度も図書室に行かなかった人や，１～２回，３～４回しか行っていない人の割合《わりあい》が減っているからね。
なぎさ：それに，□は増えているね。
あやか：ところで，今年はどんなテーマで活動をすればよいかな。
さくら：貸し出しのときに，いつも同じジャンルの本ばかり借りる人が多い気がするよね。今年の読書月間のテーマは，「いろいろなジャンルの本に親しもう」っていうのはどうかな。

資料１　１か月の間に図書室を訪《おとず》れた回数別児童数の割合（令和４年９月・１１月）

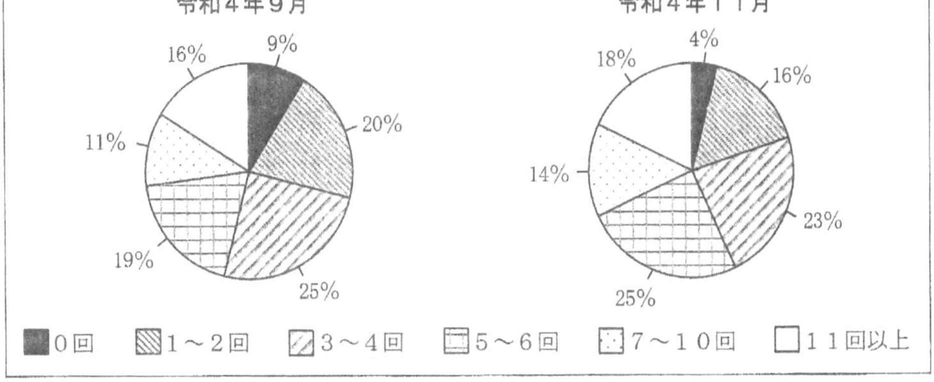

会話文では，なぎささんも，図書室に行く回数が増えたと考えています。**会話文**の □ に当てはまるように書きましょう。

(2) 全校児童にいろいろなジャンルの本に親しんでもらうために，図書委員会では**資料２**のような８つのジャンルに分け，図書室の紹介《しょうかい》コーナーで各ジャンルの本を展示《てんじ》することにしました。

資料２　８つのジャンル

- ・歴史や地域《ちいき》の本
- ・社会のしくみや文化の本
- ・算数や理科など自然にかかわる本
- ・暮《く》らしや技術，機械の本
- ・芸術，工作やスポーツの本
- ・言葉にかかわる本
- ・詩や物語の本，絵本
- ・その他（調べるための本，考え方や心についての本など）

次の**【条件】**で本を展示するとき，それぞれの本は何日間展示することができるか，書きましょう。また，そのように考えた理由を，言葉と数字を使って書きましょう。

【条件】

- ・紹介する本は，１ジャンルあたり９冊《さつ》，合計72冊とする。
- ・紹介コーナーには，一度に18冊の本を展示する。
- ・展示する期間は20日間とする。
- ・展示する日数がどの本も同じになるように，展示する本を入れ替《か》える。
- ・本を入れ替える場合は，朝，図書室が開く前に行う。
- ・一度にすべてのジャンルの本を展示する必要はない。

(3) ゆうたさんたちは，いろいろなジャンルの本に親しんでもらうために，ほかに何かできるかを考えることにしました。次の**会話文**は，ゆうたさんたちが話し合いをしている様子です。

会話文

ゆうた：できれば図書委員会から本の紹介をするだけではなくて，みんなに参加してもらえる活動も用意したいね。

なぎさ：そうだね。自分で参加すると，もっと本に興味をもってもらえそうだね。

あやか：それぞれのジャンルの本で，今まで読んでよかった本の紹介をしてもらうのはどうかな。

たくま：いいね。１年生には難《むずか》しそうだけど，参加できるかな。

さくら：それじゃあ，２年生から６年生に，自分が読んでよかった本の紹介を，１つ下の学年にしてもらうのはどうかな。

なぎさ：それぞれの学年に合った本の紹介をしてもらえそうだね。１年生も，自分たちに向けて２年生が紹介してくれると，うれしいと思うな。

（ — 話し合いは続きます — ）

ゆうたさんたちは話し合った結果，次の**計画メモ**を準備しました。

計画メモ

（活動名）

　おすすめの本の木

（内容）

・図書室の壁《かべ》に木の絵を貼《は》り，その枝の周りに本の紹介カード（花型カード）を貼っていく。

（準備）

・木の絵を，１～５年生用に各学年１つずつ，合計５つ作成する。

・花型カードを作成する（花型カードの色は本のジャンルごとに変える）。

（進め方）

・２～６年生は，１つ下の学年に向けて，自分が読んでよかった本の紹介を花型カードに書く。

・花型カードは，木の絵の近くに置いてあるものを使う。カードが書けたら，昼休みに図書委員に渡《わた》す。

・集まったカードは，図書委員が木の絵に貼る。

・たくさんカードを貼り，花がいっぱい咲《さ》いた木を作る。

①　ゆうたさんたちは，次の手順で，折り紙を折って，はさみで切り，花型カードを作っています。ゆうたさんたちが作る花型カードはどのような形になりますか。できあがる花型カードの形を解答用紙の枠《わく》の中にかきましょう。解答用紙の枠は折り紙を，点線は折り目を表しているものとします。ただし，問題を解くときに，問題用紙などを実際に折ったり切ったりしてはいけません。

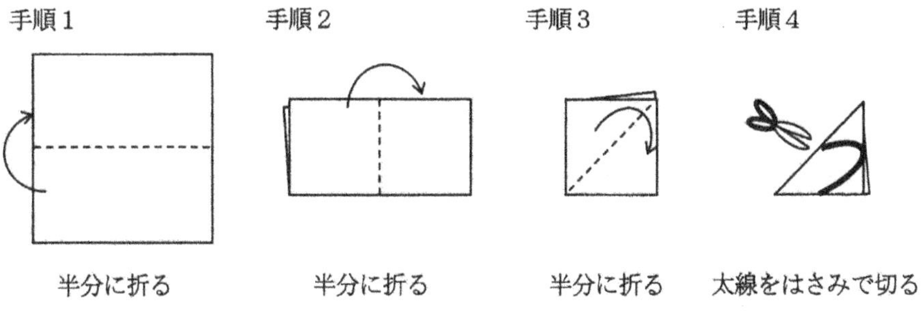

②　あやかさんたちは，「おすすめの本の木」の活動の進め方を２～６年生に説明するために，朝の集会で，図のように，図書室から各教室へオンラインで配信を行うことになりました。あやかさんは，この場面で，どのようなことを話せばよいでしょうか。**計画メモ**を参考にして，次のページの**原こう**の □ に当てはまるように，100字以上120字以内で書きましょう。

図　配信のイメージ

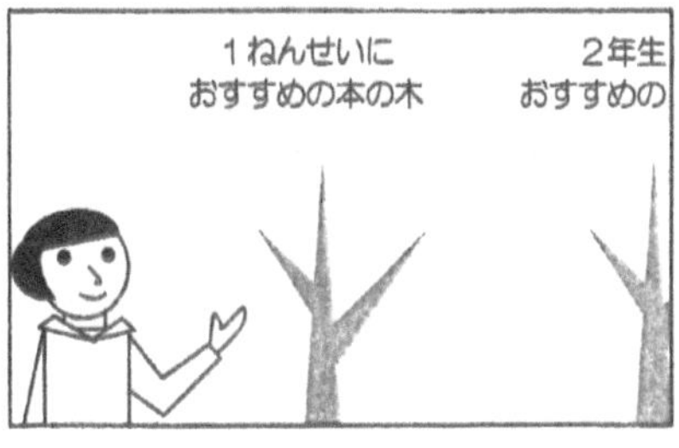

原こう

> これから「おすすめの本の木」の進め方を説明します。ここにある５つの木に，みなさんが１つ下の学年の人たちに向けて書いた本の紹介カードを貼っていきます。
>
> ［　　　　　　　　　　　　　　　　　　　　］

(4)　あなたが図書委員なら，全校児童にいろいろなジャンルの本に親しんでもらうために，どのような活動を考えますか。(1)～(3)にある活動とは別の活動を１つ考え，80字以上100字以内で書きましょう。

【問題２】

次の文章を読んで，(1)から(5)の問いに答えましょう。**答えは，解答用紙（２枚中の２）に記入しましょう。**

ゆうきさんの学校では，授業で学んだことを家族に発表する学習発表会を，３学期に，６年生全体で行います。学習発表会では，全員が３つの班《はん》（国語班，体育班，音楽班）に分かれて，発表をすることになりました。

(1)　次の**会話文**は，学習発表会で発表する内容について，国語班25人で集まって話し合いをしている様子です。

会話文

> ゆうき：国語班では何を発表しますか。先生は，班全員で協力して取り組めるような内容にしようと言っていましたね。
>
> ひろと：国語の授業で学習した物語を劇《げき》にして発表したいです。
>
> ゆうき：劇だと，出演する人だけではなく，大道具を担当《たんとう》する人や，ナレーターも必要ですね。
>
> いつき：大変そうだなあ。ことわざカルタ大会を見てもらうのはどうですか。
>
> ゆ　み：わたしはカルタが得意なので賛成です。
>
> あおい：わたしも，劇より練習や準備が簡単《かんたん》な，カルタ大会がよいと思います。
>
> ひ　な：わたしは，カルタ大会よりも劇の方がよいと思います。
> なぜなら，劇の方が［　　　　　　］と思うからです。
>
> （ ― 話し合いは続きます ― ）

ひなさんが，「わたしは，カルタ大会よりも劇の方がよいと思います。」と発言した理由を，**会話文**の［　］に当てはまるように書きましょう。

(2)　話し合いの結果，国語班では，劇をすることになりました。また，音楽班では合奏《がっそう》を，体育班ではリズムなわとび（音楽に合わせたなわとび）をすることになりました。その後，各班で相談し，練習の計画表を作成しました。**資料１**は体育班が作成した計画表です。

資料１　体育班の計画表

	体育班 （リズムなわとび）
１回目	曲選び
２回目	技《わざ》や振《ふ》り付《つ》け決め
３回目	グループ練習
４回目	
５回目	全体練習

次の**会話文**は，３回目のグループ練習の後に，体育班の各グループのリーダーが集まって，４回目の練習の進め方について話し合いをしている様子です。

会話文

> たけし：今日のグループ練習では，技はみんな上手になったけれど，音楽に合わせてとぶのに苦労している人もいたね。
> あいり：次のグループ練習では，みんなが音楽に合わせてとべるようになりたいね。
> れ　ん：それじゃあ，グループごとにみんなの前でとんでみようよ。
> み　き：それだと，音楽に合わせてとべていないことに，自分では気が付きにくいのではないかな。
> （ ― 話し合いは続きます ― ）

４回目の練習で，音楽に合わせてとべているかを自分で確認《かくにん》するために，あなたならどのような工夫《くふう》を提案しますか。具体的な工夫を20字以上40字以内で書きましょう。

(3)　学習発表会では各班の発表のほかに，学年全員で合唱したり，家族へプレゼントを渡したりすることになりました。

ゆうきさんたちは，当日のプログラムや会場について考えています。**資料２**はゆうきさんたちが作成しているプログラムの一部です。次のページの**【条件】**でプログラムを考えるとき，**資料２**のプログラムの４番目は，国語班，体育班，音楽班のうち，どの班の発表になるか，書きましょう。また，そのように考えた理由を，言葉と数字を使って書きましょう。

資料２　作成中のプログラムの一部

プログラム

５・６時間目

1．開会式
2．□班の発表
3．□班の発表
4．□班の発表
5．□
6．□
7．閉会式《へいかいしき》

【条件】

- 学習発表会は５時間目と６時間目を使って行う。５時間目，6時間目はそれぞれ45分間で，間に10分間の休み時間をとる。
- 会場は体育館とする。国語班と音楽班はステージ上，体育班はステージ下のフロアで発表する。
- ステージ上で行う２つの班の発表は，休み時間に片付《かたづ》けや準備ができるように５時間目，６時間目に分ける。
- 全員での合唱と家族へのプレゼントは６時間目に行う。
- 休み時間はプログラムの番号には入れない。
- 班の入れ替えにかかる時間は発表時間にふくまれているので，考えなくてよい。
- 各プログラムの時間は次のとおりである。

開会式	５分
閉会式	５分
全員での合唱	10分
家族へのプレゼント	８分
国語班の発表	22分
体育班の発表	22分
音楽班の発表	18分

(4)　家族へのプレゼントは，家庭科の時間に製作するトートバッグになりました。次の**メモ**をもとに，トートバッグを製作するとき，何m何㎝の長さの生地《きじ》を購入《こうにゅう》すればよいですか。答えを書きましょう。(**図１**～**図３**は，次のページにあります。)

メモ

- 生地は，**図１**のように，幅《はば》が110㎝で，長さが10㎝単位で販売《はんばい》されているものを購入する。
- 生地は，なるべく短い長さで購入する。
- トートバッグを１つ製作するには，**図２**のように，型紙の周りにぬいしろをつけた大きさの布が必要である。
- トートバッグのできあがりの大きさは，たて24㎝，横32㎝である（**図３**）。
- 作る個数は75個である。
- 生地から75枚の布を切り出すとき，型紙を置く向きはすべて同じとする。
- 持ち手は別の素材で製作するので，考えなくてよい。
- 製作過程での失敗は考えなくてよい。

図１　購入する生地

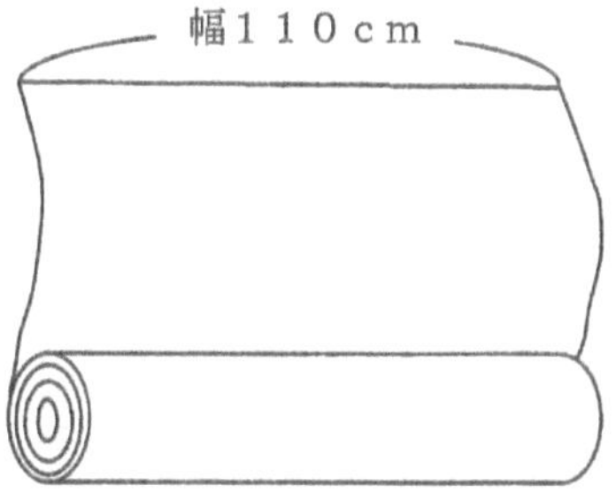

図２　１つのトートバッグに必要な布の大きさ

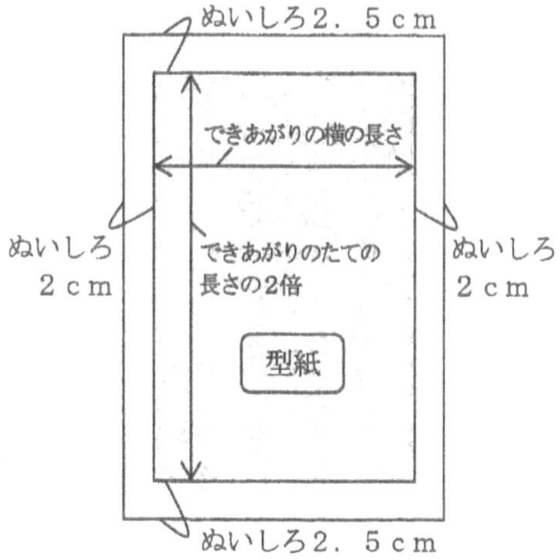

図３　製作するトートバッグ

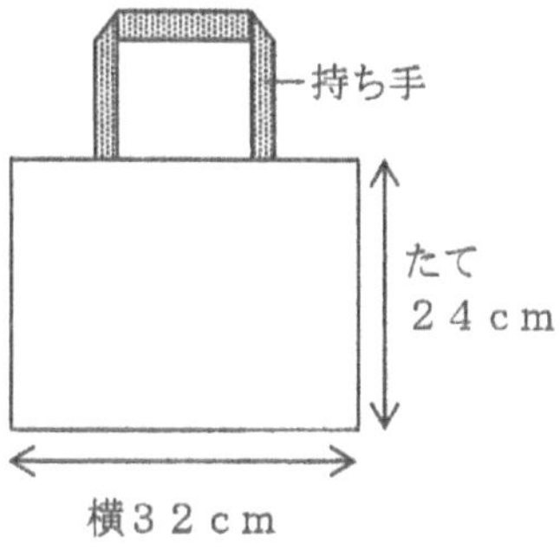

(5)　ゆうきさんは，学習発表会の当日の開会式で，見に来てくれた家族に向けて，学年を代表してあいさつをすることになりました。ゆうきさんになったつもりで，次の**あいさつ文**の □ に当てはまるように，80字以上100字以内で書きましょう。

あいさつ文

今日は学習発表会に来てくれてありがとうございます。

□

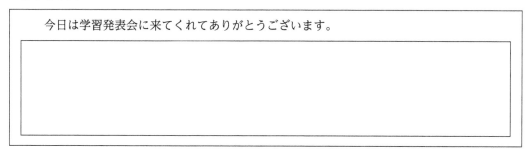

○をやれば環境問題はすべて解決！」みたいなことを言う人が現れたら、その人は十中八九、あるいはそれ以上の確率で詐欺師《さぎし》であることを見破れるのだ。

（伊勢武史『２０５０年の地球を予測する　科学でわかる環境の未来』より）

【注】＊生態学…生物と環境の関係を解明する生物学の一分野。
＊ルアー…おとり。
＊禁欲…本能的な欲望をおさえること。
＊潮汐…海の満ち引き。
＊併存…二つ以上のものが同時に存在すること。
＊リスクヘッジ…危険を予測して、それを避けるための対策を行うこと。

問三　傍線部《ぼうせんぶ》②「僕ら人間の行動にもトレードオフは存在している」と筆者は述べていますが、環境問題におけるトレードオフについて、身近な具体例をあげて、説明してください。

問四　傍線部③「もしあなたの前に「○○をやれば環境問題はすべて解決！」みたいなことを言う人が現れたら、その人は十中八九、あるいはそれ以上の確率で詐欺師であることを見破れるのだ。」について、筆者がこのように述べている理由を説明してください。

問五　本校では入学後、一人一人が課題研究を行います。文章A と 文章B を書いた二人の研究者の姿勢《しせい》をふまえて、あなたは、どのような姿勢で研究をしていきたいと思いますか。百二十字以上百四十字以内で説明してください。

者はどのように述べていますか。本文の内容に具体的に触《ふ》れながら説明してください。

文章B

次の文章は、生態学者である伊勢《いせ》先生が環境《かんきょう》問題について述べたものの一部です。筆者は、金魚と同じ水槽《すいそう》で二匹《にひき》のドジョウを飼っています。通常、ドジョウは水底でエサをとりますが、一匹のドジョウは大胆《だいたん》な性格のため、水面の金魚のエサを上手に食べられるようになりました。結果として、二匹のドジョウには体格差が生まれたそうです。

ここまでだと、「大胆にチャレンジするのはすばらしい」みたいな教訓の話のように聞こえてしまったかもしれない。しかし僕《ぼく》は生態学者であり、大胆に水面までのぼってくるドジョウの個性は、果たしていつでもプラスに働くのかどうか？　と考えてしまう。安全な我《わ》が家《や》の水槽とは違《ちが》い、自然界には危険《きけん》がいっぱいだ。小魚を食べようと、水鳥などの肉食動物が待ちかまえていたりする。そんなとき、水面のエサを食べるという行動はむしろマイナスになり、おとなしく砂《すな》にもぐっているほうがプラスになるかもしれない。

僕は釣《つ》り人《びと》でもある。おなじ種類の魚でも、個体によって個性があることを経験上知っている。ためらいなくルアーに食いつく大胆な個体もいれば、臆病《おくびょう》で用心深い個体もいる。なんでも口に入れてみる個体は、場合によってはたくさんエサを食べて大きく成長するかもしれない。しかし、ルアーにだまされて釣り上げられそこで一生を終える、なんて確率も高くなるのである。

そこで考えたのは、魚の生き方のトレードオフである。トレードオフとは、何かを得るために何かを失うという関係性のこと。ドジョウの場合、「エサをたっぷり食べる」というプラスには、「我《わ》が身《み》を危険《きけん》にさらす」というマイナスがつきものなのだ。自然界で生きている生物はみな、このようなトレードオフにさらされている。たとえば、恐竜《きょうりゅう》は大きな体を持つことで繁栄《はんえい》したが、その巨体《きょたい》を維持《いじ》するためにはたくさんのエサが必要になる。だから白亜紀《はくあき》末期に地球環境が激変《げきへん》したときに絶滅《ぜつめつ》してしまい、代わりに体の小さな哺乳類《ほにゅうるい》が栄えることになったのである。

環境問題を考えるときも、このトレードオフが重要になってくる。ドジョウとおなじように、②僕ら人間の行動にもトレードオフは存在《そんざい》している。たとえば、環境問題を気にせず好き勝手に生きるという選択《せんたく》。そうすると、いまは楽しいけど将来《しょうらい》たいへんなことが生じる。逆に、環境問題を防止するため禁欲的《きんよくてき》な生活を送る。そうすると未来の環境は守られるけど、僕らは強いストレスにさらされることになってしまう。

トレードオフが存在《そんざい》するとき、答えはひとつに決まらない。もしも、長所しかない選択肢《せんたくし》があるなら、僕らは迷わずそれを選択することだろう。ところが、僕らの前に存在する選択肢は、それぞれ長所と短所を持つことが多い。どちらを選んでも弱点はある。そして、環境問題に関する選択には、このようなトレードオフが存在することが多々あるのだ。たとえば、僕らが文明生活を営むのに必要なエネルギーのつくり方。再生可能エネルギーにも太陽光・風力・潮汐《ちょうせき》などいろんなタイプがあり、それぞれに一長一短がある。僕らは冷静に、客観的な判断が求められる。ときには、複数の選択肢を併存《へいぞん》させるリスクヘッジという考え方が必要になったりする。このように、環境問題の解決はむずかしいことを理解しておくことはなにかの役に立つと思う。③もしあなたの前に「○

連濁が起こるかどうかはいろいろな要因に左右されるのですが、二番目の単語がすでに濁音《だくおん》を含む場合は連濁が起きません。これを「ライマンの法則」といいます。

ライマンの法則
ひと＋かげ→ひとかげ　　ひやし＋そば→ひやしそば
あか＋かぶ→あかかぶ　　よこ＋はば→よこはば

さて、ここで「にせたぬきじる」と「にせだぬきじる」の例に戻《もど》りましょう。

「にせだぬきじる」の樹形図《じゅけいず》

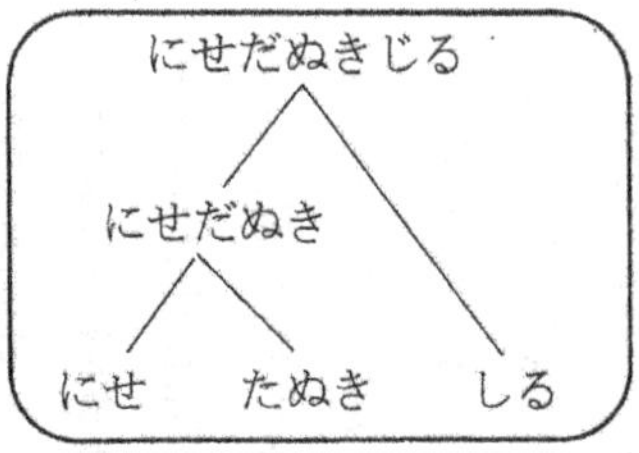

「にせたぬきじる」の樹形図

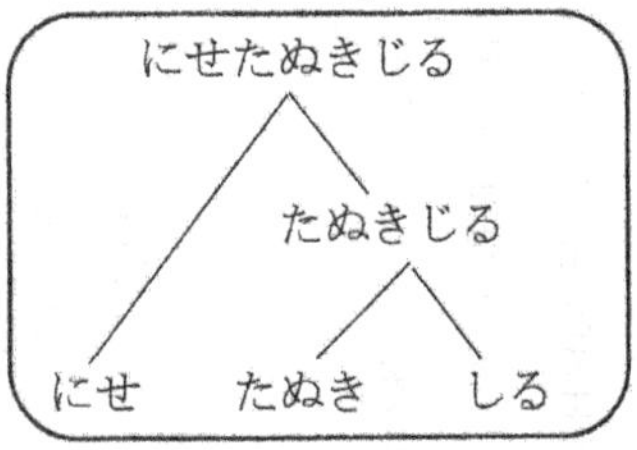

まず、後者の「にせだぬきじる」は「にせ」の「たぬき」が入っている「しる」でした。「にせ」なのは「たぬき」だから、「にせ」と「たぬき」をくっつけると、連濁が起こって「にせだぬき」になります。これに「しる」をくっつけると、また連濁が起こって「にせだぬきじる」となるわけです（上図）。

では「にせたぬきじる」はどうでしょうか。

こちらは「にせ」の「たぬきのしる」でした。ですから今度は、「たぬき」と「しる」をくっつけると、連濁が起こって「たぬきじる」ができあがります。次に、「にせ」に「たぬきじる」をくっつけると、「たぬきじる」にはすでに濁音が含まれていますから、ライマンの法則により連濁が阻止《そし》されます。よって「にせたぬきじる」が生まれます（上図）。

まとめると、二つの表現の意味の違いは、「にせ」「たぬき」「しる」という三つの要素がどのような順番でくっついているのか（つまり、どのような構造を持っているのか）に還元《かんげん》できます。

それぞれの順番通りに連濁を適用すれば、ライマンの法則により、「にせ＋たぬきじる」の時のみ連濁が阻止されます。よって、聞き手が「にせたぬきじる」や「にせだぬきじる」という表現を聞いた時に、適切な解釈《かいしゃく》が自然と導かれるわけです。

これらのことを考えると、日本語母語話者は「連濁」や「ライマンの法則」を無意識的にではあるけれども、抽象的《ちゅうしょうてき》なルールとして知っている、という結論《けつろん》が得られます。

（川原繁人《しげと》『なぜ、おかしの名前はパピプペポが多いのか？
言語学者、小学生の質問に本気で答える』より本文および図を一部修正）

【注】＊阻止…ふせぐこと。
＊還元…もとに戻すこと。
＊母語…ある人が、子どものときに周りの人が話すのを聞いて自然に習い覚えた最初の言語。

問一　「ぬりはしばこ」と「ぬりばしばこ」という表現について、「連濁」に注目して意味を考えましょう。「はし」ではなくて「はこ」が塗《ぬ》られているのはどちらだと考えられますか。解答用紙のカッコに○を書いてください。また、選んだ表現について、「ぬり」「はし」「はこ」の三つの要素の構造を、樹形図で表してください。

問二　傍線部《ぼうせんぶ》①「ことばの研究って何がおもしろいの？」について、筆

【適性検査Ⅱ】（四五分）

【問題】　次の 文章A 、文章B を読み、問一～五に答えなさい。

文章A

（次の文章は言語学者である川原先生が、小学生のらんさんやみあさんたちに特別授業をしたときの様子と、それに関する解説です。）

川原　じゃあさっそく授業を始めましょう！　らんが大胆《だいたん》に直球で聞いてくれた質問があるので、この質問から取りあげたいと思います。①「ことばの研究って何がおもしろいの？」。これいい質問だよね。

《中略》

ウォームアップとして、ことばの研究の魅力《みりょく》を伝えるために、こんな例を持ってきました。

「にせたぬきじる」という表現と「にせだぬきじる」という表現をゆっくり考えてみて。この二つの意味の違《ちが》いは感じられる？

みあ　「にせたぬきじる」というのは、「たぬきじる」に「にせ」を付けたもので、「にせだぬきじる」っていうのは「だぬき」に「にせ」を付けたもの。

川原　そうだね、「だぬき」まぁ「たぬき」だね。つまり、「にせたぬきじる」で、にせものなのは何？

――たぬきじる！

川原　そう！　「にせたぬきじる」は「たぬきじる」のにせものです。「にせだぬきじる」は、「たぬき」の「にせもの」が入ったおしるです。この違いわかった？

《中略》

ここで不思議なのは、「た」に「〃」が一つ付くか付かないかだけで意味が違ってしまうってこと。「た」と「だ」が違うだけで、意味が大きく違っちゃう。

でも、この意味の違いってみんな誰《だれ》にも教わってないよね？　絵本には出てこないし、お父さんもお母さんも教えてくれなかったと思う。「いい？　みあちゃん、『にせたぬきじる』の意味はこれで、『にせだぬきじる』の意味はこれよ」なんて教える親はいないからね。

だけど、みんなには意味の違いがわかったよね。自分ですぐにぱっとわからなくても、みんなで一緒《いっしょ》に考えたら「ああ、なるほど」ってなったでしょう？

「『〃』だけで、なんで意味の違いが出てくるんだろう？」

「なんでこの違いがわかるんだろう？」って不思議に思わない？

この不思議を発見できるのが、言語学の魅力の一つです。

《中略》

さて次の疑問《ぎもん》は、なぜ濁点《だくてん》の有無《うむ》から、先の意味の違いが生まれてくるのかということです。これを理解するために、「連濁《れんだく》」という現象と「ライマンの法則」を説明しましょう。

まず、日本語では二つの単語をくっつけて新しい単語をつくる時に、二番目の先頭の音に濁点が付く場合があります。これを「連濁」と呼《よ》びます。

（連濁）

こ＋たから→こだから　　あお＋そら→あおぞら

ひよこ＋くみ→ひよこぐみ　　すずめ＋はち→すずめばち

て、地球《ちきゅう》をもっともっと、たいせつにするわ。——だから、おねがい！
ほろぼしたりしないで……。」
「そうか——。」宇宙人《うちゅうじん》は、うなずいた。
「きみがそういうなら、とにかく、きみがおとなになるまで、まってみよう。」
そういうと、あたりは、またスウッとくらくなった。

（後　略）

（出典　小松左京「宇宙人《うちゅうじん》のしゅくだい」〈講談社、一九八一〉）

【課題1】

今から十年後（二〇三四年）、あなたたちが大人になったとき、この宇宙人たちが再び地球にやって来たとしたら、宇宙人たちは地球をどうすると思いますか。次の〈条件〉にしたがって、書きましょう。

〈条件〉

・あとのA、Bのどちらかの立場に立ち、理由を明らかにして書きましょう。（どちらを選んでも採点にはえいきょうしません。）
・はじめに自分の立場を書き、改行せずに続けて書きましょう。
・二百字以内で書きましょう。

A　宇宙人たちは地球をほろぼす。
B　宇宙人たちは地球をほろぼさない。

【課題2】

地球がほろぼされないために、あなたが大人になるまでにできることは何ですか。これまでの自分の経験をふまえて四百字以内で書きましょう。

二〇二四年度
市立太田中学校入試問題

【作　文】（四五分）

【問題】 次の文章を読んで、【課題1】、【課題2】について答えましょう。

《注意》解答用紙には、題名を書かずに文章から書き始めること。
余白はメモなど自由に使ってかまいません。

学校《がっこう》のかえり道《みち》、とつぜん、頭《あたま》がいたくなって、めまいがしたかと思《おも》うと、目《め》の前《まえ》がまっくらになった。

――気《き》がつくと、ヨシコは、まっくらなところにいた。

あたりを見《み》まわすと、横《よこ》にキラキラかがやくものがあった。――星《ほし》みたいだな、とヨシコは思《おも》った。――わたし、いったいどこへきちゃったのかしら？

あたりにスウッと青《あお》い光《ひかり》がさすと、ひろい、部屋《へや》がうかびあがった。まがりくねったパイプや、へんな機械《きかい》がいっぱいあって、ヨシコと同《おな》じぐらいの高《たか》さの、赤《あか》い、大《おお》きな目《め》をした人間《にんげん》が三人《にん》いた。――三人《にん》とも青《あお》い、ピカピカ光《ひかり》る服《ふく》を着《き》ていた。

「こわがらなくてもいい。」と、そのうちの一人《ひとり》がいった。「きみは地球人《ちきゅうじん》だね。」

「ええ、そうよ。」とヨシコはいった。

「あなたたち、宇宙人《うちゅうじん》でしょう。」

三人《にん》のへんな男《おとこ》は、びっくりしたように顔《かお》を見《み》あわせた。

「とてもかしこい。」と宇宙人《うちゅうじん》の一人《ひとり》はいった。「それに、こわがらない。勇気《ゆうき》がある。」

「動物《どうぶつ》や植物《しょくぶつ》はすきかい？」とべつの宇宙人《うちゅうじん》がきいた。

「だいすき！」とヨシコはいった。「お花《はな》も、小鳥《ことり》も、イヌも、ネコもみんな！」

「これも報告《ほうこく》とだいぶちがう。」宇宙人《うちゅうじん》たちはいいあった。

「地球人《ちきゅうじん》は、ざんこくで、地球《ちきゅう》の植物《しょくぶつ》や動物《どうぶつ》を、ねだやしにしようとしているときいていたが……。」

「地球《ちきゅう》を、いい星《ほし》だと思《おも》うかい？」と三番《ばん》めの宇宙人《うちゅうじん》がいった。

「すてきな星《ほし》よ！　美《うつく》しくって、ゆたかで……。」

「だが、地球人《ちきゅうじん》は、その星《ほし》を、放射能《ほうしゃのう》でめちゃめちゃにしようとしている。」宇宙人《うちゅうじん》は、するどくいった。

「地球人《ちきゅうじん》は、しょっちゅうおたがいにくみあい、戦争《せんそう》したり、他人《たにん》のものをだましとったり、ころしあったりしている。――わたしたち、宇宙人《うちゅうじん》としては、こんなれんちゅうが、科学《かがく》の進歩《しんぽ》によって、宇宙《うちゅう》にでてきてもらっては、こまるのだ。平和《へいわ》な宇宙《うちゅう》に、戦争《せんそう》やにくしみをもちこまれてはたまらない。だから、いまのうち、地球《ちきゅう》をほろぼしてしまおうか、と思《おも》っている。――どうだね？」

「ちょっとまって！」ヨシコはさけんだ。

「どうかそんなことしないで！　地球《ちきゅう》の人《ひと》たちは、ほんとうはみんないい人《ひと》たちよ。いまは、にくみあったり、戦争《せんそう》しあったりしてるけど、そのうちきっと、心《こころ》をあわせて、地球《ちきゅう》を、りっぱなすみよい星《ほし》にすると思《おも》うわ。――わたしたちが、おとなになったら、きっと戦争《せんそう》のない星《ほし》にし

MEMO

大切なことはメモしておこうネ！

2024 年 度

解 答 と 解 説

＜適性検査Ⅰ解答例＞

【問題１】 (1)　１か月間で５回以上図書室に行く人のわり合

(2)　５(日間)

【理由】　１日に18さつてん示するので，20日間では，18×20＝360で，360さつ分てん示できる。しょうかいする本は72さつなので，360÷72＝5から，１さつあたり５日間てん示できる。

(3)　①

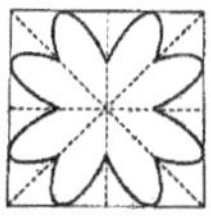

②　２～６年生は，自分が読んでよかった本のしょうかいを，ジャンルごとに色のちがう花型のカードに書いてください。花型カードは木の絵の近くにあります。書けたら昼休みに図書委員にわたしてください。みんなで花がいっぱいさいた木を作りましょう。

(4)　ジャンルビンゴという活動を考えました。ビンゴカードのます目にジャンル名を書いたものを用意し，各ジャンルの本の貸し出しがあるたびに，ます目にスタンプをおします。列がそろったら，記念品をわたします。

【問題２】 (1)　準備は大変だけれど，はん全員で協力でき，来てくれた家族に喜んでもらえる

(2)　グループの人に，音楽に合わせてとんでいる様子を，動画さつえいしてもらう。

(3)　国語(班)

【理由】　発表に使える時間は，５時間目が40分，６時間目が22分である。国語はんと音楽はんの発表は，５時間目と６時間目に分けるので，５時間目に体育はんと音楽はん，６時間目に国語はんの発表を行えばよい。だから，４番目は国語はんになる。

(4)　13(m)30(cm)

(5)　今日のために，発表内容や練習計画を考えて準備してきました。今日は，３つのはんに分かれて，学んだことを発表します。わたしたちが協力して取り組むすがたを見てもらえたらうれしいです。

＜適性検査Ⅰ解説＞

基本 **【問題１】**（算数・国語：グラフの読み取り，表現方法，条件作文，図形の対称）

(1)　**会話文**を読むと，たくまさんとなぎささんが**資料１**を見ながら話していることがわかる。**資料１**では，令和４年９月と同年の11月とが比べられている。このグラフから，たくまさんは図

書室でポイントカードを用いたことは効果があったと考え，その理由として，「1か月間一度も図書室に行かなかった人や，1～2回，3～4回しか行っていない人の割合《わりあい》が減っている」ということを挙げている。それに対してなぎささんは，「それに」で会話をはじめており，たくまさんに引き続き，ポイントカードの効果があったことの理由を述べるのだと予想できる。文末は「は増えているね」でしめていることから，9月と比べ，11月には割合が増加している部分を読み取ればよい。**資料1**から，5～6回と7～10回と11回以上のいずれも割合が増加していることがわかるため，「1か月間で5回以上図書室に行く人」とまとめることができる。増えているのは割合であることに注意し，たくまさんの文を参考にまとめる。

⑵ まず，**【条件】**を見て，本の冊数《さっすう》や展示《てんじ》の期間を確認《かくにん》する。そのうえで，展示期間20日間で最大何冊展示できるかを求め，実際に展示する72冊でわることで，1冊あたりの展示日数を導くことができる。

また別解として，ジャンル数に着目する方法もある。1つのジャンルに9冊ずつ本があり，一度に18冊の本を展示するということは，18÷9＝2で2ジャンル分の本を一度に展示できるとわかる。8ジャンル分の本をすべて展示するには，8÷2＝4で，4回入れかえる必要があるということになり，1冊あたりの展示日数は，20÷4＝5で，5日間であると導ける。これらを解答らんに合わせて解答する。

⑶ ① 解答らんに示された折り目をたよりに，手順4でえがかれた太線をまず1本かき，手順3の状態に開いたときにどのように切れているか考えてかく。このとき線の向きに注意する。この2本の線がかければ，手順3から手順4にかけてついた折り目の，他3本をそれぞれ中心にして同じ線をかくことができ，全体の形がわかる。

② **原こう**の空らんの前の文を読むと，「これから『おすすめの本の木』の進め方を説明します」という言葉がある。このことから，**計画メモ**の中で(進め方)の部分を見ればよいとわかる。**計画メモ**ではか条書きになっているため，スムーズな文にまとめるために，内容の順番を変えてもかまわない。字数と，前の文にならって文章をですます調で書くことに注意する。

⑷ 自分で新たな活動を考え，提案する問題である。**【問題1】**でこれまでに出てきた活動を参考にすることはよいが，まねにならないように気をつける。問題文から，対象が「全校児童」であること，「いろいろなジャンルの本に親しんでもらう」ことが活動の目的であることの2点をしっかりと確認し，まとめる。

【問題2】 (算数・国語：時間の計算，長さの計算，資料の読み取り，条件作文)

⑴ ひなさんの発言の前まで，劇《げき》は準備が大変であることがよくない点として挙げられて会話が進んでいる。そのため，準備が大変であることはふまえたうえで，その大変さをこえる劇のよい点を考え，劇の方がよい理由としてまとめればよい。

⑵ 自分で自分のとんでいる様子が確認《かくにん》できればよい。解答例のように，動画に記録してもらえればその動画をあとで確認することができるため，音楽に合わせてとべていないことに気がつけるだろう。また別解として，鏡の前で練習する方法なども考えられる。

⑶ プログラムには5時間目と6時間目の間が示されていない。そこでまず，**【条件】**の各プログラムの時間を参照して，5時間目の45分間と6時間目の45分間に分けて考える。プログラムから，開会式が5時間目に入ることと，全員での合唱と家族へのプレゼントと閉会式《へいかいしき》は6時間目に入ることが読み取れる。そのため，5時間目には，発表に使える時間が残り45－5＝40(分)あり，6時間目には，発表に使える時間が残り45－(10＋8＋5)＝22(分)あることがわかる。よって，6時間目に入るのは国語班《はん》の発表か体育班の発表であるが，国語班と音楽班はどちら

もステージ上を使う関係で休み時間をはさまなければならないため，６時間目には国語班が入ることになる。これがプログラム上で４番目にあたるため，答えは国語班になる。この内容を解答らんにおさまるようにまとめればよい。

(4)　トートバッグ１つにつき**図２**の大きさの布が必要になる。この布は**図２**，**図３**より，たて $2.5\times2+24\times2=53$(cm)，横 $2\times2+32=36$(cm)の大きさである。ここで，「なるべく短い長さで購入《こうにゅう》」しなければならない点について考える。

まず，生地《きじ》の幅《はば》110cmにトートバッグのたての辺を平行にして切り出していく場合，$110\div53=2$あまり４より，たてに２枚並《まいなら》べられる。75個分切り出すためには，$75\div2=37$あまり１(枚)より，横に38枚並べることになる。よって，必要な生地の長さは，$36\times38=1368$(cm)になる。

次に，生地の幅110cmにトートバッグの横の辺を平行にして切り出していく場合，$110\div36=3$あまり２より，横に３枚並べられる。75個分を切り出すためには，$75\div3=25$(枚)分の布のたての長さが必要とわかる。よって，必要な生地の長さは，$53\times25=1325$(cm)になる。

以上より，後者の方が「短い長さで購入」できる。10cm単位で販売《はんばい》されているため，実際に購入する長さは1330cmであり，解答らんの単位に合わせると，13m30cmとなる。

(5)　開会式にするあいさつであること，はじめの文にならってですます調で書くこと，学習発表会を見に来てくれた家族に向けたものであることに注意し，自分の言葉で伝えたいことを表現する。字数制限に気をつける。

★ワンポイントアドバイス★

資料や会話を読み取りながら，自分の言葉で文章として表現する問題が多い。問題文や条件をしっかりと確認し，見落としがないように気をつけよう。計算問題は，落ち着いてさまざまな場合を考えながら解こう。

＜適性検査Ⅱ解答例＞《学校からの解答例の発表はありません。》

【問題】　問一　ぬりはしばこ

（樹形図）　ぬりはしばこ

ぬり　はしばこ

はし　　はこ

問二　筆者は，「にせたぬきじる」と「にせだぬきじる」について，だく点の有無でことばの意味が変わるように，表現の少しのちがいによってことばの意味が変化することや，それについて教わらなくても感覚的に理解できることの不思議を発見することが，ことばの研究のおもしろさであると述べています。

問三　例えば，太陽光発電は，二酸化炭素を発生させないという長所がありますが，太陽光パネルの設置にかかる費用が高いという短所があります。

問四　かん境問題を解決するための選たくしには，トレードオフが存在することが多く，どれも一長一短があり，場合によっては複数の選たくしをへい存させることも必要です。このように，長所しかない選たくしを見つけるのは難しく，一つの方法のみでかん境問題を解決することは不可能であると筆者は考えているからです。

問五　私は，身近にある小さなちがいや不思議，問題を発見し，それらに関する疑問について追究したり，どうしたら解決できるのかについて考えたりしたいです。研究では，答えや解決策を一つだけ見つけるのではなく，いくつかの答えや解決策を考え出して，それぞれの長所や短所を考えるようにしたいです。

＜適性検査Ⅱ解説＞

【問題】（国語，理科：文章読解，環境問題，条件作文）

問一　「にせたぬきじる」と「にせだぬきじる」の違《ちが》いと同じように考える。「ぬりはしばこ」と「ぬりばしばこ」の違いは，「はし」の「は」に濁点《だくてん》が付いているかどうかである。本文に出てくる「連濁」と「ライマンの法則」から，この違いについて考える。本文から，「連濁」とは，二つの単語をくっつけるとき，二番目の単語の先頭の音に濁点が付くことであるとわかる。「ライマンの法則」とは，連濁が起きるかどうかに関係する法則で，二番目の単語がすでに濁音を含《ふく》む場合は連濁が起きないことを指すとわかる。

　これをふまえると，「ぬりはしばこ」の「は」に濁点が付いていないのは，「ぬり」と「はしばこ」をくっつけるときに，すでに「はしばこ」の方に濁点が含まれているから，ライマンの法則により連濁が起きなかったのだと考えられる。はじめに「はし」と「はこ」がくっついて「はしばこ」となり，次に「ぬり」と「はしばこ」がくっついたのである。つまり，塗《ぬ》られているのは「はこ」である。

　一方で，「ぬりばしばこ」は，まず「ぬり」と「はし」がくっついて「ぬりばし」になり，次に「ぬりばし」と「はこ」がくっつき，「ぬりばしばこ」になったと考えられる。つまり，塗られているのは「はし」である。よって，正解は「ぬりはしばこ」である。

　樹形図《じゅけいず》では，「ぬりはしばこ」→「ぬり」と「はしばこ」，「はしばこ」→「はし」と「はこ」というように，後からくっついた順に分解していく。

やや難　問二　傍線部《ぼうせんぶ》①の直後に，筆者（川原先生）は「ことばの研究の魅力《みりょく》を伝えるために，こんな例を持ってきました」と言ってから，「にせたぬきじる」と「にせだぬきじる」の話題に入っている。すなわち，この話題は，ことばの研究のおもしろさを伝えるための具体例であることがわかる。その後，２回目の中略のあとの筆者の発言の中で，「『『゛』だけで，なんで意味の違いが出てくるんだろう？』，『なんでこの違いがわかるんだろう？』って不思議に思わない？」，「この不思議を発見できるのが，言語学の魅力の一つです」とある。よって，濁点のような少しの違いで意味が変わることの不思議，その意味の違いを教わらなくても理解できることの不思議を発見できることが，「言語学」（ことばについて研究する学問）の「魅力」，つまりおもしろさであることがわかる。本文の内容に具体的に触《ふ》れながら説明する点に注意し，例を簡《かん》潔《けつ》にまとめる。

問三　本文第三段落《だんらく》より，「トレードオフ」とは「何かを得るために何かを失うという関係性のこと」であることがわかる。また，第五段落から，「トレードオフ」は，「長所」と「短所」を両方持っていることであると言いかえることができると読み取れる。これをふまえて，環境《かんきょう》問題に関係することの具体例を挙げて，良い点も悪い点もあることを説明する。太陽光発電の例の他に，プラスチックは保存するときに便利であるという長所がある一方で，ポイ捨《す》てにより自然に悪いえいきょうを与えるという短所がある，といった解答が考えられる。

重要

問四　本文第五段落の内容をまとめる。一つの方法で環境問題をすべて解決することはできないと筆者は考えている。その背景《はいけい》にあるのが，環境問題を解決するための選択肢《せんたくし》にはトレードオフが存在《そんざい》することが多いという考え方である。いろいろなタイプの選択肢があり，それぞれに一長一短があるため，一つの方法で問題を解決するのは難しい。したがって，「トレードオフ」の関係性をふまえながら，一つの方法だけですべてがうまくいくことはないと筆者は考えている，ということを説明できればよい。

問五　文章Aと文章Bの研究者に共通する姿勢《しせい》として，身近にある具体的な事例を研究テーマにつなげているという点が挙げられる。文章Aでは「にせたぬきじる」「にせだぬきじる」ということばの例，文章Bでは飼っているドジョウの例を，それぞれの研究に結びつけて考えている。よって，身近なところから見つけた不思議を追究し，自分の研究に活用していく，という姿勢を示せるとよい。また，文章Bからは，選択肢には一長一短があるため，冷静に客観的な判断をすることが大切だ，という姿勢が読み取れる。このこともふまえ，考え出した答えや解決策《さく》の長所や短所を検討《けんとう》し，よりよい選択肢はないか探究《たんきゅう》し続けていく，という姿勢を示すとなおよい。字数や解答らんの使い方にも注意してまとめる。

★ワンポイントアドバイス★

文章を理解した上で，さらに思考することが求められる問題が多い。文章全体を通して，筆者はどのようなことを伝えようとしているのかを，正しく理解して取り組もう。読み取ったことや，それに関する自分の考えを，わかりやすくまとめる練習をしておくのがよいだろう。

＜太田市立太田中学校作文解答例＞《学校からの解答例の発表はありません。》

【課題１】　再び宇宙人が地球にやって来たとしたら，宇宙人は地球をほろぼさないと思います。なぜなら，十年後の未来では，より地球かん境を大切にして，戦争を減らしているだろうと思うからです。現在，かく兵器を減らしたり禁止したりする条約が結ばれ，戦争の原因となる貧困や差別などを減らす取り組みも世界全体の目標として行われています。よりよい地球にするために着実に進歩しているから，宇宙人は地球をほろぼさないと思います。

【課題２】　私は，地球がほろぼされないために，他の国の人と仲良くしたりいろいろな文化に親しんだりして，他の国のことを知り，戦争につながるにくしみをなくすことが大切だと考えます。

　例えば，以前学校で留学生といっしょに授業を受けたときには，みんなでその子に英語のあいさつを教えてもらったり，いっしょに給食を食べたりして楽しく過ごしました。これまでの生活や生まれた国がちがっていても，実際に会って話すことで，相手の考え方を知ることができると思います。私はこの経験から，中学校ではもっといろいろな国のことを学習したいと考えています。

　現代ではインターネットが発達していて，他の国の文化にふれることや遠くに住む人と交流することが簡単になっています。このことを活かして，他の国について実際に知ってへん見をなくしていくことで，戦争につながるにくしみを減らしていくことができると考えます。

＜作文解説＞

（作文：条件作文）

【課題１】

本文からは，宇宙人《うちゅうじん》たちが「地球人」が地球の環境《かんきょう》を放射能《ほうしゃのう》でこわしたり，戦争をして傷《きず》つけあったりしている様子を見て，地球をほろぼしに来たことが読み取れる。10年後（2034年）もその状態が続いていると思う場合は「A　宇宙人たちは地球をほろぼす。」の立場で書く。環境を守る取り組みや，戦争をなくす努力によって，今よりもよい地球になっていると思う場合は，「B　宇宙人たちは地球をほろぼさない。」の立場で書く。どちらの場合も，なぜそう思うのかについて具体的に書くことができるとよい。

重要【課題２】

宇宙人が地球をほろぼそうと思わないように，環境問題や戦争の解決の第一歩となるような，自分が大人になるまでにできることを考える。おたがいの意見を尊重《そんちょう》することや，他国の文化に親しむことは，争いを生まないことにつながる。他に，環境を守るための取り組みとして，公園や道路のごみ拾いなども考えられる。一段落《だんらく》目には自分の考え，二段落目には自身の経験や見聞きしたこと，三段落目にはまとめといったように段落を分けて書き，わかりやすい文章になるよう工夫するとよい。

★ワンポイントアドバイス★

自分の立場や考えを明らかにして，その理由や経験をきちんと書くようにしよう。ふだんからニュースを見て環境問題や政治問題にも関心をもとう。字数制限をふまえ，構成をあらかじめ考えてから書き始めるとよい。

2023年度

★★★★★★★★★★★★★★★★★★★★★★★★

入　試　問　題

2023年度

群馬県公立中等教育学校・中学校入試問題

【適性検査Ⅰ】（45分）

【問題１】

次の文章を読んで，⑴から⑷の問いに答えましょう。**答えは，解答用紙（２枚中の１）に記入しましょう。**

６年生の海人《かいと》さんは，つつじ小学校の保健委員です。保健委員会では，全校児童が安全で楽しい学校生活を送ることができるように，さまざまな活動に取り組んでいます。

⑴　次の**会話文**は，海人さんたち保健委員が，10月の保健委員会で，下の**資料１**を見ながら，話し合っている様子の一部です。

会話文

海　人：みんなが，安全で楽しい学校生活を送れるようによびかけてきたけれど，**資料１**のけがをした児童の人数を見ると，校舎内でけがをした児童の人数が多くなってきているね。

結《ゆ》　菜《な》：校舎内でけがをした児童の人数を見ると，４月から７月までは，１か月あたり平均［ア］人なのに，９月は10人もいるよ。

あさみ：９月のけがの原因を見ると，校舎内で起こったけがの多くは，転んだことが原因だね。

千《ち》　秋《あき》：学校には，校舎内を走ってはいけないというきまりがあるけれど，最近，ろうかを走っている人を多く見かけるよ。

弘《ひろ》　樹《き》：ろうかを走ると，転んでけがをしてしまうかもしれないし，きまりもあるのだから，校舎内を走るのはよくないよね。

結　菜：それだけでなく，［イ］かもしれないから，校舎内を走ってはいけないと思うな。安全で楽しい学校生活のために，きまりを守るように伝えていこうよ。

海　人：そうだね。でもその前に，校舎内を走ったことがある人はどのくらいいるのか，アンケートをとって調べてみようよ。

（　―　話し合いは続きます　―　）

資料１　けがをした児童の人数と９月のけがの原因

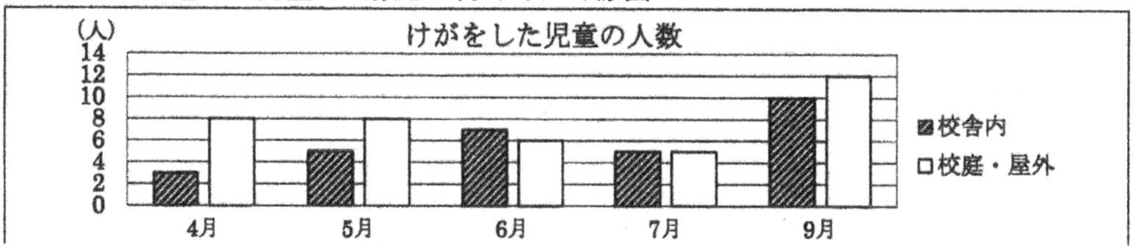

＜９月のけがの原因＞

校舎内	転んだ（７人）
	指を切った（２人）
	腕《うで》をぶつけた（１人）

校庭・屋外	転んだ（７人）
	ボールが当たった（５人）

① **会話文**の ア に当てはまる数字を書きましょう。

② 校舎内を走ってはいけない理由には，どのようなことがあるでしょうか。結菜さんになったつもりで，**会話文**の イ に当てはまるように書きましょう。

⑵ 次の**資料２**は，保健委員会が全校児童に対して行ったアンケート調査の結果です。下の**メモ**は，海人さんが**資料２**を見て分かったことについてまとめたものです。**メモ**の ア ， イ に当てはまる数字を書きましょう。

資料２　アンケート調査の結果

全校児童（４９０人）が回答

○　この１か月の間に，１回でも校舎内を走ってしまったことはありますか。
はい　…　３４３人　　　　いいえ　…　１４７人

「はい」と答えた児童（３４３人）が回答

○　なぜ校舎内を走ってしまったのですか。
（主な回答）
・友達と遊んでいて，走ってしまった。
・遊びに夢中になっていて，休み時間が終わったことにチャイムが鳴って気がついたから。
・休み時間になって，早く遊びに行きたかったから。

○　校舎内を走ったときにけがをするかもしれないと考えましたか。
はい　…　６１人　　　　いいえ　…　２８２人

○　学校には校舎内を走ってはいけないというきまりがあることを知っていますか。
はい　…　３３１人　　　　いいえ　…　１２人

メモ

・この１か月の間に，１回でも校舎内を走ってしまったことがある人は，全校児童の ア ％である。
・この１か月の間に，１回でも校舎内を走ってしまったことがある人のうち，校舎内を走ったときにけがをするかもしれないと考えた人で，走ってはいけないというきまりがあることを知っていたのに走ってしまった人は，少なくとも イ 人いる。

⑶ アンケート調査の結果を見た海人さんたち保健委員は，校舎内を走らないようによびかけるための掲示物《けいじぶつ》を作ることになり，次のページのような**掲示物の下書き**を作りました。次のページの

会話文は，海人さんたち保健委員が，**掲示物の下書き**を見ながら，話し合っている様子の一部です。

掲示物の下書き

会話文

海　人：校舎内を走ってしまった人のうち，きまりがあることを知っていた人は多かったから，この掲示物だと，走る人は減らないかもしれないね。
あさみ：たしかにそうだね。なぜそのきまりがあるのかを伝えた方がいいよね。
千　秋：そうだね。それと，デザインについては，ろうかや階段《かいだん》などにはるものだから，はなれたところから見ても分かりやすいものにしたいね。
（　―　話し合いは続きます　―　）

よりよい掲示物を作るために，あなたなら**掲示物の下書き**をどのように直しますか。**会話文**をもとに，言葉とイラストのそれぞれについて，下書きをどのように直すのか，具体的な修正案を言葉で書きましょう。

⑷　完成した掲示物をはってから１か月ほどたった後に，保健委員会は，全校児童に対して１回目と同じ内容で２回目のアンケート調査を行い，12月の保健委員会で，２回のアンケート調査のふり返りをしました。その結果，２回のアンケート調査の内容についての報告と，今後，みんなにしてほしい具体的な行動についてのお願いを，お昼の校内放送で，全校児童に伝えることが決まりました。次の**放送げんこう**は，次のページの**資料３**を見ながら書いたものです。

放送げんこう

みなさん，こんにちは。保健委員会からのお知らせとお願いです。
はじめに，保健委員会が行った２回のアンケート調査の結果をお知らせします。
１回目と２回目のアンケート調査の結果を比べると，１か月の間に１回でも校舎内を走ってしまったことがある人の数が，少なくなりました。11月の校舎内でけがをした児童の人数が，9月と比べて減っていることも分かっています。さらに，校舎内を走ってしまったことがあると答えた人の回答で，１回目と２回目の結果を比べてみると，［　ア　］が増えました。これは，みなさんの安全な学校生活への意識が高まったからだと思います。
次に，みなさんにお願いです。

イ

保健委員会からのお知らせとお願いでした。（おわり）

① 校舎内を走ってしまったことがあると答えた人の回答で，１回目と２回目を比べると，何が増えていますか。**資料３**の内容をもとに，**放送げんこう**の ア に当てはまるように書きましょう。

② 校舎内を走る人がさらに減るような具体的な行動について，あなたなら，どのようにお願いしますか。**資料３**の，校舎内を走ってしまった理由をもとに考え，**放送げんこう**の イ に当てはまるように，100字以上120字以内で書きましょう。

資料３　１２月の保健委員会の資料
（９月と１１月のけがをした児童の人数と２回のアンケート調査の結果）

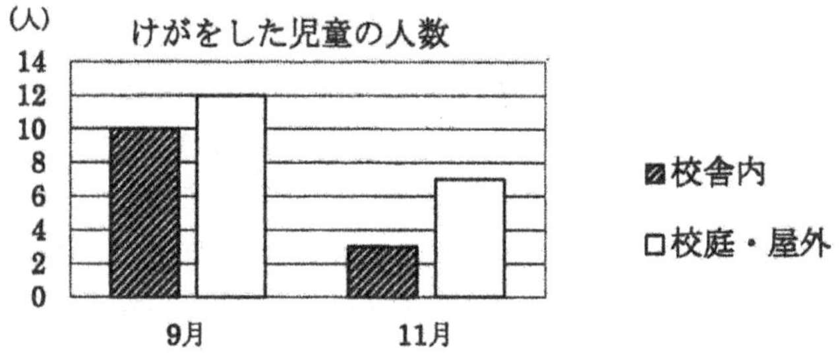

＜２回のアンケート調査の結果＞

○　この１か月の間に，１回でも校舎内を走ってしまったことはありますか。

	はい	いいえ	合計
１回目	３４３人	１４７人	４９０人
２回目	９２人	３９８人	４９０人

「はい」と答えた児童が回答

○　なぜ校舎内を走ってしまったのですか。
（主な回答）

１回目	・友達と遊んでいて，走ってしまった。 ・遊びに夢中になっていて，休み時間が終わったことにチャイムが鳴って気がついたから。 ・休み時間になって，早く遊びに行きたかったから。
２回目	・音楽室に行ったとき，わすれ物をしたことに気がついて，急いで教室にもどったから。 ・昼休みに，次の授業が始まる直前まで図書室で本を読んでいて，授業におくれそうになったから。

○　校舎内を走ったときにけがをするかもしれないと考えましたか。

	はい	いいえ	合計
1回目	61人	282人	343人
2回目	32人	60人	92人

○　学校には校舎内を走ってはいけないというきまりがあることを知っていますか。

	はい	いいえ	合計
1回目	331人	12人	343人
2回目	88人	4人	92人

【問題２】

次の文章を読んで，⑴から⑸の問いに答えましょう。**答えは，解答用紙（２枚中の２）に記入しましょう。**

６年生の正人《まさと》さんが通うさくら小学校では，9月に全校での運動会があり，運動会に向けた準備を６年生が中心となって行っています。

⑴　次の**会話文**は，正人さんたちが，運動会のスローガンについて，話し合っている様子の一部です。

会話文

正　人：ぼくたち６年生にとって最後の運動会になるから，いいスローガンを作りたいね。どんな言葉にしようか。
真《ま》　琴《こと》：「目指せ優勝《ゆうしょう》」や「栄光をつかめ」といった感じかな。
美《み》　鈴《すず》：最後の運動会だから勝ちたい気持ちも分かるけれど，運動が得意な子も苦手な子もみんなではげまし合って，全力で取り組んでいくことが大切だと思うな。
正　人：だれか一人でもつまらなかったと思うような運動会ではだめだよね。
真　琴：そうか。勝つことだけを目指したスローガンにしたら，そういった気持ちになってしまう人も出てきてしまうね。
かえで：「みんなで」を強調するために，全校の児童数603も入れよう。
美　鈴：わたしたちの気持ちが全校のみんなに伝わるような，すてきなスローガンを作ろう。

（　―　話し合いは続きます　―　）

決定したスローガンを，全校集会で紹介《しょうかい》することになりました。運動会の成功に向けてスローガンにこめた思いを伝えます。あなたならどのような紹介文にしますか。次の**紹介文**の □ に当てはまるように，40字以上60字以内で書きましょう。

紹介文

今年の運動会のスローガンは，「団結！全力！スマイル！見せろ603のきずな」です。 603

というのは全校の児童数です。

このスローガンには，

みんなで運動会を成功させましょう。（おわり）

⑵　スローガンは，校庭からよく見えるように，校舎２階のベランダに掲示することになりました。次の**図**のように，スローガンの文字が書かれた板を，ベランダに横一列にならべて掲示します。下の**条件**にしたがって掲示するとき，**図**の㋐の長さは何m何㎝になるでしょうか。答えとその理由を，言葉と数字を使って説明しましょう。

図　校舎２階のベランダ（校庭から見た図）

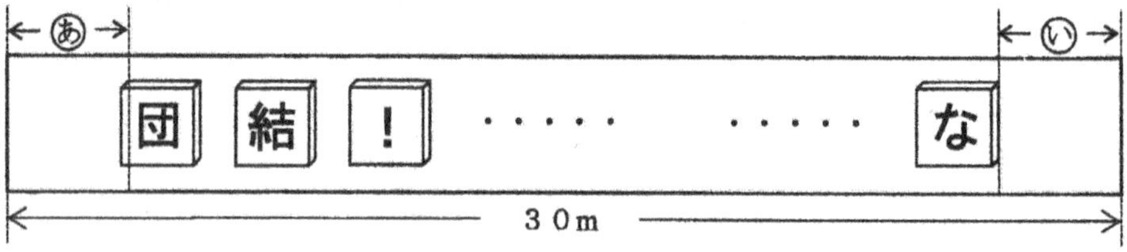

条件

- **団結！全力！スマイル！見せろ603のきずな**の21文字（「！」も１文字とする）を，１文字ずつ板に書き，**図**のようにベランダに掲示する。
- 板１枚の文字を書く面は，たて70㎝，横70㎝の正方形である。
- となり合う板と板の間を，それぞれ50㎝ずつあけて掲示する。
- 使用するベランダの長さは，30mである。
- **図**の㋐と㋑の長さが等しくなるように掲示する。

⑶　６年生が玉入れの練習をしていたところ，玉が入りすぎて，入った玉を数えるのに時間がかかってしまい，本番で競技時間がのびてしまう心配が出てきました。そこで，先生がかごを高くしたところ，今度は児童から，玉が入らなくて楽しくないという意見が出ました。そのため，正人さんたちのクラスで，時間内に玉入れが終わり，その中で，できるだけ多くの玉が入るようにするためには，どうすればよいか試《ため》してみることにしました。次の**ノート**は，本番の玉入れ１回における時間と，練習中に試した玉入れの結果を書いたものです。練習中に試した玉入れでは，玉を投げる場所からかごまでのきょりと，かごの高さを変えながら，それぞれ２回ずつ玉入れを行いました。

ノート

【本番の玉入れ１回における時間】

- 玉を投げる時間と，玉を数える時間を合わせて３分30秒以内とする。
- 玉を投げる時間は１分間とする。

・入った玉は１つずつ数え，１つ数えるのに２秒かかる。

【練習中に試した玉入れの結果】

・本番と同じ人数で玉を投げるが，玉を投げる時間は１回20秒間とした。

表　入った玉の個数（それぞれ上段が１回目，下段が２回目）

高さ※2 ＼ きょり※1	１．５m	２．０m	２．５m	３．０m	３．５m
２．２m	６０	５７	４５	３１	１７
	６２	５５	４５	３３	１９
２．４m	５７	５２	３９	２２	１３
	５８	５０	４０	２４	１４
２．６m	５３	４３	２９	１９	１１
	５５	４４	３３	２１	１０
２．８m	４８	３６	２０	８	６
	４６	３８	１８	１０	９

※１　きょり・・・玉を投げる場所からかごまでのきょり

※２　高さ　・・・かごの高さ

本番の玉入れ１回において，時間内に玉入れが終わり，できるだけ多くの玉が入るようにするためには，玉を投げる場所からかごまでのきょりと，かごの高さをそれぞれ何mにすればよいでしょうか。**ノート**の表にある，きょりと高さの中から選び，答えとその理由を，言葉と数字を使って説明しましょう。

⑷　運動会の最後は，１年生から６年生までの児童が，各学年２名ずつ12名で１つのチームを作って，リレーを行います。次の**会話文**は，リレー選手の招集を担当《たんとう》する６年生の直美《なおみ》さんたちが，話し合っている様子の一部です。

会話文

直　美：わたしたちの仕事は，集合場所に来たリレー選手のかくにんだよね。

ひなの：去年の運動会で，集合場所に来なかった１年生を，招集係の６年生がさがしに行って，大変だったみたいだよ。

健《けん》　太《た》：今年はだいじょうぶかな。

祐《ゆう》　二《じ》：競技の前に，集合をよびかける放送があるから，だいじょうぶだと思うよ。

ひなの：でも，リレーの集合場所は，入場門と退場門の２か所あるから，まちがえてしまう子がいるかもしれないよね。

健　太：学年全員でやる種目なら，周りのみんなといっしょに移動すればよいけれど，リレーの時は選手だけが移動するから，まちがえてしまうかもしれないね。

ひなの：それに，放送だけだと聞こえないことがあるかもしれないし，係として，どのようなことをすればいいかな。

直　美：それなら，［　　　　　　　　　　　　］

（　―　話し合いは続きます　―　）

会話文の中で，ひなのさんは「係として，どのようなことをすればいいかな」と言っています。直美さんになったつもりで，１年生が正しい集合場所に来ることができるように，係としてできることを，**会話文**の □ に当てはまるように書きましょう。

⑸　運動会が終わり，正人さんたち６年生は，２年生からお礼の手紙をもらいました。正人さんは，２年生の公太《こうた》さんが書いた**手紙**を受け取りました。

手紙

> おにいさん　おねえさんへ
>
> ぼくは，ときょう走で４ばんになってくやしかったです。ぼくたちの出ばんのときに，どうぐのじゅんびをしてくれて，ありがとうございました。かかりのしごとをするおにいさんやおねえさんは，かっこいいなと思いました。うんどう会はたのしかったので，またやりたいです。
>
> ２年　石山　公太

２年生の公太さんにわたす手紙として，どのような返事を書いたらよいでしょうか。正人さんになったつもりで，100字以上120字以内で，返事を書きましょう。

【注】 官僚…国の行政を担《たん》当する人たち。
愕然…ひどく驚《おどろ》く様子。
風潮…その時代やその社会に見られるものの考え方。
暗黙…分かっていることであるが、わざわざ口に出しては言わないこと。
無粋…人間関係や心理が分からない様子。その場に合わない様子。
滔々と…次から次へと止まることなく。
必須…どんな状況《じょうきょう》の中でもそれだけは欠かせないこと。

問一 傍線部「ここで決定的な違いが出る」とありますが、これはどういうことでしょうか。本文を踏まえて、三十字以上五十字以内で説明してください。

問二 「リベラルアーツ」とはどのようなものでしょうか。本文を踏まえて、二十字以上三十五字以内で説明してください。

問三 本文を読んで、これからあなたはどのように学んでいきたいと考えますか。これまでのあなたの学びを振り返った上で、本文にふれながら具体的に書いてください。

問二　傍線部（2）「何か違和感はないでしょうか。あるとしたらそれはどんなことでしょうか。」と筆者は述べていますが、あなたはどのような違和感があると考えますか。本文を踏《ふ》まえて、あたの考えをくわしく説明してください。

【問題Ⅱ】　次の文章を読み、あとの問いに答えなさい。

「日本の英語教育はダメだ」と言っているのはどういう人か。その多くは世界で活躍《かつやく》している官僚《かんりょう》や企業《きぎょう》経営者たちです。彼《かれ》らが海外へ行くと、自分が全然英語が話せなくて愕然《がくぜん》としたという経験をすることになります。そこで「日本の英語教育はどうなっているんだ」と文句を言うので、小さい頃《ころ》から英語学習をやるべきだ、もっと英語教育に力を入れるべきだという風潮《ふうちょう》が高まってきました。

海外に行くと国際会議がありますね。会議が終わり夜になると必ず立食パーティーが開かれます。出席する人たちはみんな英語で会話しますが、そこでは昼間の仕事の話はしないというのが暗黙《あんもく》のルールです。そういう無粋《ぶすい》なことにしてはいけないとされています。仕事とはまったく関係のない、出席者個人の趣味《しゅみ》や関心のあることについて自由に語り合う。それが夜の立食パーティーです。

そのときに、多くの日本人は“How do you do?　Nice to meet you.”と言った後、その後が出てきません。言葉に詰《つ》まってしまいます。そんな経験をして「ああ、日本であれだけ英語教育を受けてきたのに、いざとなると話せない。日本の英語教育が問題だ」と怒《おこ》り出す人がいますが、これは大きな勘違《かんちが》いです。

彼らは海外の国際会議に出るくらいですから、英語はそれなりにできます。それなのに夜の立食パーティーで話ができないのは、英語で話すべき内容を持っていないところに問題があります。話すべき内容がないので、外国人と会話を楽しむことができません。すでにお話ししたように、アメリカの大学は4年間、徹底的《てっていてき》にリベラルアーツを教えています。アメリカのエリートたちは大学時代に深い教養を身につけているので、夜の立食パーティーでは、みんな絵画やオペラ、シェークスピアなどの文学について滔々《とうとう》と語り合っています。海外ではごく普通《ふつう》に見られる光景です。

ところが、ひたすら受験勉強に明《あ》け暮《く》れてきた日本のエリートたちは、教養なんて大学受験に関係ない、受験に関係ないことにしないという態度が染《し》みついています。大学に入ってからも、教養科目は単位だけ取れればいいと考える学生が多く、教養らしい教養を身につけて社会に出る人は少ないのが現状です。これでは海外のエリートたちと交流しても、まともな会話はできません。英語ができないのではなくて、英語で話すべき内容を持っていない。その方がよほど大きな問題です。

必要に迫《せま》られれば、いくらでも英語は話せるようになります。私《わたし》も決して英語がうまいとは言えませんが、海外に行くと、とにかく取材をしなければいけないので必要に迫られて英語を使います。そんなとき、質問すべき内容や話すべき内容があれば、会話は成立するものです。

あなたもグローバルな世界で活躍しようと思えば、英語は必須《ひっす》です。しかしそれ以上に大事なことは、英語で語るべきものを持っているかどうかです。ここで決定的な違いが出るということを知っておいてください。リベラルアーツを学ぶ意義はそういうところにもあるのです。

（池上彰《あきら》『なんのために学ぶのか』より）

どんなものがありますか？　(1)どんなセンサがあれば、より快適で安全なホームが実現できるでしょうか？

　二番めの技術は、画像認識《にんしき》技術です。画像の特徴《とくちょう》をつかみ、人、物、場所などを識別する技術です。ＡＩの分野では現在最も研究開発が進んでいるものといえるでしょう。大量の動物の画像を読み込ませ、システムに学習させることで、そこに写っているものが「猫《ねこ》」か「犬」かを判断したりできるようになります。

《中略》

　言葉を話し始めたばかりの赤ちゃんは、大人から犬や猫という概念《がいねん》（ある対象を表す言葉）を「わんわん」「にゃんにゃん」として教わります。すると赤ちゃんは、教わったときと異《こと》なる場面、異なる犬や猫についても「わんわん」「にゃんにゃん」として認識できるから不思議です。初めて出会った犬に対しても、それを猫と間違《まちが》えることはありません。逆もまたしかり。不思議ですね。それに対しＡＩは、大量の犬と猫の写真データを読み込ませていき、徐々にその特徴を、違いを学んでいきます。

　三番めは音声認識技術です。人の音声に関する技術で、スマートフォンや家庭電化製品（家電）などの機器に話しかけて、検索《けんさく》など、何か動作をさせるときに使われたり、画像認識と同様に、本人を識別するときにも使われます。人の話している言葉をデジタルデータに変換《へんかん》し、これまでに持っているデータと比較《ひかく》して、文字、文章を特定し、音声入力として、スマートフォンなどに命令できるようになります。コンピュータのキーボードを使わずに声で入力できるようになることから、テレビのチャンネルの切り替《か》え、車の自動運転など、利用範囲《はんい》は広がります。

　既に売り出されているスマートスピーカーでは、インターネットとつながっている家電を音声でコントロールできるようになっています。今後、その範囲はもっと広がっていくことでしょう。現時点では、部屋の照明の明るさをコントロールしたり、エアコンの設定をしたり、お風呂を沸《わ》かしたりするだけです。電子レンジやオーブンなどの調理家電や自動車、家の防犯装置までコントロールできるようになる日はもうすぐそこまで来ています。

　センシング、画像認識、音声認識の技術を基にして、スマートホームは開発されています。現在その研究開発は日本では、住宅《じゅうたく》メーカーのほか、関連技術を持っている通信会社、家電や設備機器メーカー、太陽光発電、セキュリティ会社などによって行われています。これらはみなさんが考える未来の家、理想の家に近いでしょうか。

　(2)何か違和感《いわかん》はないでしょうか。あるとしたらそれはどんなことでしょうか。

（美馬《みま》のゆり『ＡＩの時代を生きる』より）

【注】スマートホーム…家庭内の電化製品などをネットワークでつないで管理し、これらを活用して快適なライフスタイルを実現する住まい。

ＩoＴ…家電などをインターネットと接続する技術。

識別…事物の種類・性質などを見分けること。

ＡＩ…人工知能。

問一　傍線部《ぼうせんぶ》（１）「どんなセンサがあれば、より快適で安全なホームが実現できるでしょうか？」と筆者は述べていますが、あなたはどのようなセンサがあったらよいと考えますか。センサの例と、そのセンサを考えた理由を説明してください。

【適性検査Ⅱ】（四五分）

【問題Ⅰ】　次の文章を読み、あとの問いに答えなさい。

二〇年後の家は、どんな風になったらうれしいですか？　実際に考えて書き出してみましょう。一緒《いっしょ》に住んでいる人の意見も聞いてみましょう。いろいろな意見が出てきそうですね。朝起きるところから始めてみましょうか。

・朝、目覚ましがわりにカーテンが開く
・今日のスケジュールを教えてくれる
・体調に合わせた朝食メニューを提案してくれる
・使った食器やテーブルをきれいにしてくれる
・シーツや枕《まくら》カバー、タオルなどの洗濯《せんたく》時期を教えてくれる
・部屋を掃除《そうじ》してくれる
・留守中、泥棒《どろぼう》が入らないように見張ってくれる
・玄関《げんかん》に誰《だれ》か来たときに、その人が誰かを教えてくれる
・帰宅《きたく》時間に合わせ、お風呂《ふろ》を準備してくれる
・夕食のメニューを提案したり、買い物リストを知らせてくれる
・家の中を一年中、快適な温度、湿度《しつど》に保ってくれる
・お腹《なか》が空《す》いたなと思ったら、好きな料理を作ってくれる
・好きな映画《えいが》、興味ありそうな動画や音楽、ニュースを予想して、提案してくれる
・本を読みあげてくれる
・宿題を一緒に考えてくれる
・ゲームするのを、そろそろ終わりにした方が良いと言ってくれる
・寝《ね》るモードに移行するために、部屋の明かりを徐々《じょじょ》に暗くしてくれる

たくさん出ましたね。既《すで》に、実現しているものもありそうです。

《中略》

さてここからさらに進めて、スマートホームを実現するには、どんな技術が必要かを考えてみましょう。そのなかでも三つの技術に注目して、見ていきます。

一番めは、センサ（sensor）です。センサは日本語では感知器、検出器といいます。senseは感覚や気持ち、意識を意味し、sensorは「senseするもの」というところから来ています。検知するのは、温度や音量、明るさ、動き、圧力などです。センサはそれらを検出、測定、記録する装置《そうち》です。脈拍《みゃくはく》や血糖《けっとう》など、身体に関わるデータもあります。味覚センサは、味物質特有の情報から、甘《あま》味、塩味、酸味、うま味、苦味の基本五味のほか、渋《しぶ》味、辛《から》味など計測します。これらセンサは様々なものに埋《う》め込《こ》まれ、先ほど出てきたＩｏＴの技術と組み合わさり、大量のデータを得ていくことが可能になります。この計測する技術を「スマートセンシング」といいます。

これに対し、離《はな》れた場所にあるものを遠隔《えんかく》で操作《そうさ》したり、計測したりすることを「リモートセンシング」といいます。リモート（remote）は遠隔という意味です。防災や宇宙《うちゅう》開発など、人間が実際に行きにくい場所で活用されています。「スマートセンシング」と「リモートセンシング」を合わせてセンシング技術といいます。あなたが知っているセンサには

二〇二三年度　市立太田中学校入試問題

【作　文】（四五分）

【問題】次の2コマまんがを読んで、【課題1】、【課題2】について答えましょう。

《注意》解答用紙には、題名を書かずに文章から書き始めること。
余白はメモなど自由に使ってかまいません。

1

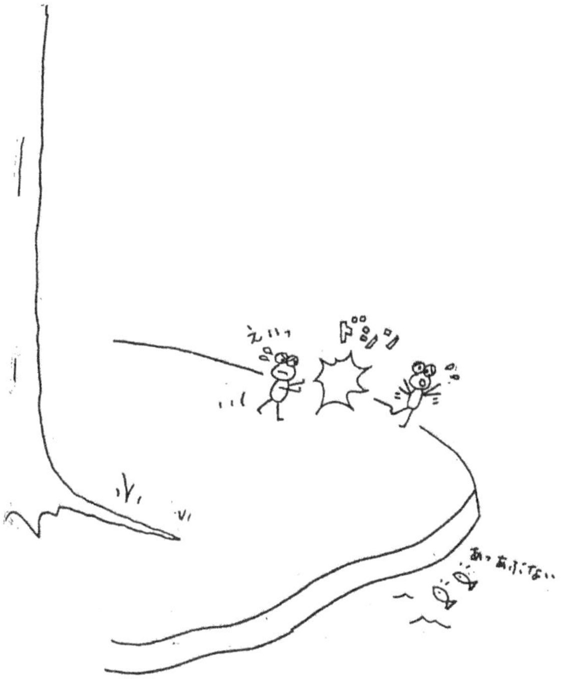

2

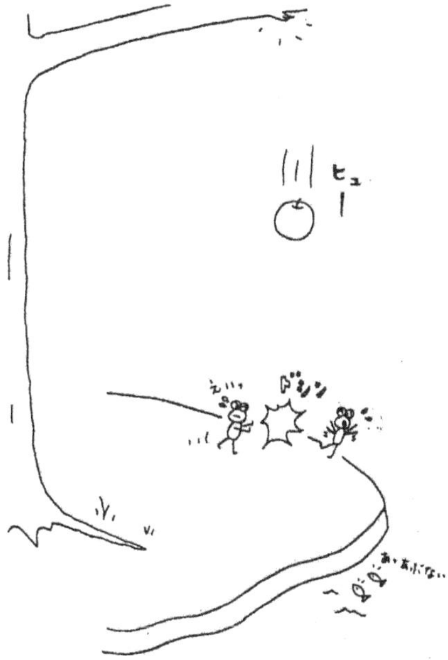

出典　佐藤雅彦「プチ哲学」（中公文庫、二〇〇四）

【課題1】

この2コマまんがを通して、作者はどんなことを読者に伝えたいのでしょうか。あなたの考えを二百字以内で書きましょう。

【課題2】

この2コマまんがを通して、あなたが考えたことを、あとの［条件］にしたがって四百字以内で書きましょう。

［条件］

・【課題1】の内容をふまえること。
・あなたの経験や見聞きしたことをふまえること。

MEMO

大切なことはメモしておこうネ！

2023 年 度

解 答 と 解 説

＜適性検査Ⅰ解答例＞

【問題１】

⑴ ① **ア**　5(人)

② **イ**　人にぶつかってけがをさせてしまう

⑵ **ア**　70(%)

イ　49(人)

⑶ **修正案【言葉】**（下書きの)学校のきまり 校舎内を走ってはいけない(を)「きけん，はしるな！」に直す(。)

修正案【イラスト】（下書きの)×(を)大きく書く(。)

⑷ ① **ア**　校舎内を走ったときにけがをするかもしれないと考えた人のわり合

② **イ**　例）校舎内を走ってしまった理由の２回目を見ると，授業におくれそうになって，急いだために走ってしまっているようです。わすれ物がないように，休み時間に次の授業の準備をしたり，時間によゆうをもって次の教室に移動したりするようにしましょう。

【問題２】

⑴ みんなが団結して，全力で競技に取り組むことで，みんなが楽しかったと思える運動会にしたいという思いがこめられています。

⑵ **【㋐の長さ】** 2(m)65(cm)

【理由】 板が21まい，板と板の間が20か所あるので，スローガン全体をはるためには，70×21＋50×20＝2470cm　の長さが必要となる。ベランダの長さが3000cmであり，㋐と㋑の長さは等しいので，㋐の長さは(3000－2470)÷2＝265cm　となるから。

⑶ **【玉を投げる場所からかごまでのきょり】** 3.0(m)

【かごの高さ】 2.4(m)

【理由】 玉を数える時間は最長で２分30秒だから150秒ある。１つの玉を数えるのに２秒かかるから，150秒間では75個数えることができる。１分間で玉が75個入るとき20秒間では25個入るので，ノートの表において，入った玉の個数が平均25個以下で，できるだけ多くの玉が入っているきょりと高さにすればいいから。

⑷ わたしたちが集合場所に行く前に，１年生に声をかけるのはどうかな。

⑸ お手紙ありがとう。ときょう走は，れんしゅうすれば，きっとはやくなるから，がんばってね。かかりのしごとは，うんどう会がうまくいくために大切なことだから，一生けんめいとりくんだよ。らい年のうんどう会も，みんなでたのしめるといいね。

＜適性検査Ⅰ解説＞

基本【問題１】（算数・国語：表やグラフの読み取り，表現方法）

(1) ① **資料1**をみると，校舎《こうしゃ》内でけがをした児童の数は４月は３人，５月は５人，６月は７人，７月は５人なので，４月から７月までの平均は，$(3+5+7+5)\div4=5$(人)である。

② 十分な広さがない校舎内を走ることで起こりうることを考える。

(2) **ア** **資料2**から，全校児童は490人，この１か月間に，１回でも校舎内を走ってしまったことがある人は343人だということが分かるので，$343\div490\times100=70$(%)となる。

イ **資料2**から，校舎内を走ったときにけがをするかもしれないと考えた人は61人，校舎内を走ってはいけないというきまりがあることを知っていた人は331人，知らなかった人は12人いることが分かる。校舎内を走ったときにけがをするかもしれないと考えた人で，走ってはいけないというきまりがあることを知っていたのに走ってしまった人の人数が一番少なくなるのは，走ってはいけないというきまりがあることを知らなかった人全員が，走ったときにけがをするかもしれないと考えた場合である。よって，$61-12=49$(人)である。

(3) **掲示物《けいじぶつ》の下書き**では，学校には「校舎内を走ってはいけない」というきまりがあるということが書かれている。**会話文**をみると，きまりがあることではなく，なぜ校舎内を走ってはいけないのかを伝えた方がいいといっている。言葉は，(1)の**会話文**を参考に，校舎内を走ることで起こりうることがすぐに分かるような修正案《しゅうせいあん》を書く。イラストは，走ってはいけないことがすぐに分かるように，×(ばつ)を大きくしたり太くしたりするような修正案を書く。

(4) ① **資料3**の，この１か月の間に，１回でも校舎内を走ってしまったことがあると答えた人へのアンケートの結果を見る。１回目から２回目にかけて，校舎内を走った人の数は減っているので，人数ではなく，わり合を考える。

走ったときにけがをするかもしれないと考えた人のわり合は，

１回目：$61\div343\times100=17.78\cdots$　より，約17.8%

２回目：$32\div92\times100=34.78\cdots$　より，約34.8%

走ったときにけがをするかもしれないと考えなかった人のわり合は，

１回目：$282\div343\times100=82.21\cdots$　より，約82.2%

２回目：$60\div92\times100=65.21\cdots$　より，約65.2%

走ってはいけないというきまりがあることを知っていた人のわり合は，

１回目：$331\div343\times100=96.50\cdots$　より，約96.5%

２回目：$88\div92\times100=95.65\cdots$　より，約95.7%

走ってはいけないというきまりがあることを知らなかった人のわり合は，

１回目：$12\div343\times100=3.49\cdots$　より，約3.5%

２回目：$4\div92\times100=4.34\cdots$　より，約4.3%

これらより，１回目から２回目にかけて増えたのは，校舎内を走ったときにけがをするかもしれないと考えた人のわり合と，校舎内を走ってはいけないというきまりがあることを知らなかった人のわり合である。そして，**ア**の直後の文には「みなさんの安全な学校生活への意識が高まった」という内容が書かれていることを考えると，**ア**にあてはまるのは，「校舎内を走ったときにけがをするかもしれないと考えた人のわり合」であることが分かる。

② **資料3**の，「なぜ校舎内を走ってしまったのですか。」というアンケートの結果の２回目に注目すると，わすれ物をしたときと，授業におくれそうになったときに校舎内を走った

ことが分かる。よって，わすれ物に気をつけたり，時間によゆうをもって行動したりするようによびかける。

【問題２】（総合問題：会話文，条件作文）

⑴ **会話文**の美鈴《みすず》さんの発言に注目すると，「みんなではげまし合って，全力で取り組んでいくことが大切だ」という内容のスローガンを作ったことが分かる。また，正人《まさと》さんの，「だれか一人でもつまらなかったと思うような運動会ではだめ」という部分から，スローガンには，みんなが楽しめるようにしたいという思いがこめられていることが分かる。これらを，字数に合うようにまとめる。

⑵ **条件**に合うように考える。単位に注意して計算を行う。

⑶ **ノート**に書かれている時間の条件と，表を正しく読み取る。

⑷ **会話文**では，最初に去年の運動会で起きたこととして，集合場所に来なかった１年生を招集係の６年生がさがしに行ったことがあげられている。集合場所が２か所あることや，放送では聞こえない可能性があるということから，１年生への声かけや，集合場所まで案内を行うなどの，１年生が正しく集合できるような行動を書く。

⑸ 公太《こうた》さんからの手紙には，徒競走で４番になってしまいくやしかったことが書かれていることから，アドバイスや応えんの言葉などを書くことができる。係の仕事についても書いてあるので，係の仕事にはどのような気持ちで取り組んだかを書くことができる。最後に運動会が楽しかったとあるので，来年の運動会についても書くことができる。返事を書くときの注意として，２年生へわたす手紙なので，２年生が読めない漢字は使わないようにするなど相手にとって読みやすい手紙にする。

★ワンポイントアドバイス★

資料から読み取ったことや，そこから考えられることを会話の流れに合うように自分の言葉で書く問題が多い。条件を確認し，分かりやすい文章を書くことを心がけよう。

＜適性検査Ⅱ解答例＞《学校からの解答例の発表はありません》

【問題Ⅰ】

問一　わたしは，地しんが起きたときにゆれを感知するセンサがあればいいと思います。センサがゆれを検知したときに，自動的に部屋のドアを開けたり，火を止めたりしてくれる機械をつくれば，安全にひなんしたり，二次ひ害を防いだりできると考えたからです。このセンサがあれば，より快適で安全なホームが実現できると思います。

問二　わたしは，技術の使い方に違和感があると思います。本文では，理想の家についての意見として，人に代わって，機械が生活のなかのさまざまなことを考え提案してくれることがあげられています。しかし，実際のスマートホームでできることは，快適さや安全さをコントロールすることです。本文に出てくる理想の家では，それらではなく，便利さだけが追い求められているように感じました。

【問題Ⅱ】 問一　英語を話せることよりも，英語で語るべきものがあることが，グローバルに活躍する人には重要だということ。

問二　社会に出ても役に立つ，個人の趣味や関心に合った深い教養を得られる学び。

問三　わたしは今まで，音楽や図画工作の時間は何も考えずに，ただ言われた通りに歌ったり，絵をかいたりしていました。しかし，この文章を読んで，今までのような学び方では，今はよくても，大人になったときに大切な教養が身についておらず困ってしまうと思いました。これからは，言われたことをただするのではなく，積極的に学び，面白そうと思った音楽や作品は先生に質問したり，自分で調べたりしたいと思いました。

＜適性検査Ⅱ解説＞

【問題Ⅰ】（国語：文章読解，条件作文）

問一　まず本文から，センサがどのようなことに使われるのかを把握《はあく》する。センサとは，温度や音声，明るさ，動き，圧力などを検出し，測定，記録する装置《そうち》であり，色々なものに埋《う》め込《こ》まれ，遠隔《えんかく》でものを操作《そうさ》したり計測したりすることができる技術であることが分かる。外の明るさを検知するセンサがあれば，外の明るさにあわせてカーテンを開け閉めしてくれるので，電気を効率的に使うことができる。部屋の温度を検知するセンサがあれば，室内の温度を常に適切に保ってくれるので快適に過ごすことができるうえ，電気のむだづかいを防ぐことができるなど，センサの感知するものを踏《ふ》まえて，より快適で安全なホームが実現できるようなセンサを考える。

解答らんが十分にあるので，どのようなセンサが欲しいのか，そのセンサはどのようにホームをより快適で安全にしてくれるのか，具体例をあげながら書くとよい。

やや難　問二　本文では，未来の家がどのようになっていてほしいかについての意見を複数あげた後，そのような家，つまり，スマートホームを実現するために必要な技術について述べている。1つ目にセンサ，2つ目に画像認識《にんしき》技術，3つ目に音声認識技術が説明されている。これらの技術を使えば，未来の家では，生活のほとんどの行動が自動あるいは簡単な操作一つで可能になりそうである。これらからうけた違和感《いわかん》をわかりやすくまとめる。

【問題Ⅱ】（国語：文章読解，条件作文）

基本　問一　傍線部《ぼうせんぶ》の「ここ」とは，英語ができるかどうかではなく，英語で話すべき内容を持っているかどうかを指す。英語ができるだけの人と，英語で話すべき内容を持っている人とでは，外国人と会話を楽しめるかどうかが違《ちが》ってくる。ひいてはそれがグローバルな世界で活躍しようと思う人に重要になってくる。これらのことを，三十字以上五十字以内でわかりやすくまとめる。

問二　リベラルアーツについては4段落目に，アメリカの大学では，4年間徹底的にリベラルアーツを学び，深い教養を身につけると書かれている。2段落目には，そんな彼らは，立食パーティーでは出席者個人の趣味《しゅみ》や関心のあることについて楽しく語り合うことができると書かれている。

また，5段落目には，その対比として日本の教育について書かれている。日本では，受験に関係ないことはしないという態度が染《し》みつき，大学では教養科目は単位だけ取れればいいという考えの学生が多い。その結果，教養らしい教養を身につけられないまま社会へ出ることになり，海外のエリートたちとまともな会話ができないと述べられている。

つまり，リベラルアーツとは，社会に出ても使うことのできる教養が身につけられるものであるということが分かる。以上のことを二十字以上三十五字以上で分かりやすくまとめる。

問三　本文では，海外で日本人が全然英語を話せないのは，日本の英語教育に問題があるからではなく，英語で話す内容がないからであり，受験に必要な知識のみを得て，大学での教養科目は単位を取れればいいという日本人の学びへの姿勢が根本的な原因である，ということが書かれている。

「これまでのあなたの学びを振り返った上で」という条件に合わせ，これまで自分はどのように学び，その中でどのようなところが問題点あるいは，よい点であったかを分かりやすく説明したのち，今後どのように学んでいきたいか書く。

★ワンポイントアドバイス★

文章を読んだ上で，そこからわかることや，考えたことを説明する問題。文章全体を通して，筆者はどのようなことを伝えようとしているのかを正しく理解して取り組もう。読み取ったことや自分の考えを，指定された文字数で分かりやすくまとめる練習をしておくのがよいだろう。

＜市立太田中学校　作文解答例＞《学校からの解答例の発表はありません》

【課題１】　作者は，見方を変えると感じ方が大きく変わることを伝えようとしていると思います。

一コマ目だけを見ると，つきとばしているカエルは悪いことをしていると思えますが，二コマ目で少し上を見ると，上から大きなリンゴが落ちてきているので，相手を守るためにとっさにつきとばしていたことがわかりました。作者は，異なる事実がある可能性があるため，他の見方をすることが大切だと伝えようとしているのだと思います。

【課題２】　わたしはこの二コマまんがを通して，ニュースや情報などを一つの見方だけで決めつけてはいけないと考えました。

前に，町に現れたクマやイノシシがくじょされたニュースを見ました。最初は，町に迷いこんでしまっただけの動物のくじょはひどいことで，動物がかわいそうだと感じました。

しかしその町に住んでいる人々のインタビューを聞くと，住民は，クマやイノシシといった力の強い動物にいつ出会ってしまうかと，とても不安な思いをしていたことがわかり，動物をくじょすることは，町の人々が安心してくらすために必要なことだと気がつきました。動物がくじょされたというニュースだけではなく，町の人がどのように感じていたかを知ることで，くじょはひどいことではないと感じ方が変わりました。

このことから，色々な見方で出来事を考えていくことは，一方的に決めつけず，新しい発見をするために大切なことだと思いました。

<作文解説>

【課題1】

1コマ目では，左のカエルが右のカエルをつきとばしている様子だけが描《えが》かれている。2コマ目では少し遠くから描かれており，木からリンゴが落ちてきていたため，左のカエルが右のカエルを守るためにつきとばしたのだと，カエルの行動の理由が分かるようになっている。つまり，2コマまんがを通して作者は，出来事をより広く見たり，複数の見方をしたりすることで，異《こと》なる事実がわかることを伝えようとしていたと読み取れる。

基本【課題2】

課題1と，自分の経験や見聞きしたことをふまえ，この2コマまんがを通して考えたことを四百字以内で述べる。出来事をより広く見たり，複数の見方をしたりすることで，異なる事実が分かった経験などをもとに書く。1段落《だんらく》目には2コマまんがから分かったこと，2段落目には自身の経験や見聞きしたこと，3段落目にはまとめといったように，分かりやすい文章になるよう段落構成を工夫《くふう》するとよい。

★ワンポイントアドバイス★

2枚《まい》のイラストが何を意味しているのか，理解した上で分かりやすい文章になるように意識しよう。字数制限をふまえ，伝える内容を順序立てて，構成をあらかじめ考えてから書き始めるとよい。

2022年度

★★★★★★★★★★★★★★★★★★★★★★★

入　試　問　題

2022年度

群馬県公立中等教育学校・中学校入試問題

【適性検査Ⅰ】（45分）

【問題１】 次の文章を読んで，(1)から(5)の問いに答えましょう。**答えは，解答用紙（２枚中の１）に記入しましょう。**

つつじ小学校に通う結《ゆ》衣《い》さんの学級では，総合的な学習の時間に，「安全な学校生活を送ろう」をテーマとした学習を行っています。１学期は，住んでいる地区別に班《はん》を作り，通学路の交通安全について調べ，地図にまとめます。次の**会話文**は，結衣さんたちが，調べる場所や内容について，班で話し合っている様子の一部です。

会話文

結　衣：わたしたちの通学路で，特に注意が必要な場所はどこかな。

健《けん》　人《と》：自動車が多い道路は，注意が必要だと思うよ。

千《ち》　秋《あき》：道はばが広く，車線がたくさんある大きな道路は，自動車が多いよね。見通しがよくて，歩道や信号があるところが多いけれど，交差点で横断歩道をわたるときは，曲がってくる自動車に注意しているよ。信号が青だからといって安心しないで，左右をよく見てわたるようにしているよ。

結　衣：それなら，学校の近くの「つつじ小東交差点」を調べることにしようよ。

勇《ゆう》　貴《き》：道はばのせまい細い道路は，調べなくていいかな。

あやこ：わたしは，細い道路も調べた方がいいと思うよ。細い道路は大きな道路と比べると，
[　　　　　　　　　　　　　　　　　　　　]

海《かい》　人《と》：それに，細い道路でもスピードを出して走っている自動車がいるから，注意が必要だよね。

千　秋：わたしたちが通る細い道路というと，タナカ花店の西側の道路だね。そこも調べてみようよ。

結　衣：それぞれの場所で，どんなことを調べたらいいのかな。

健　人：道はばや信号，標識などを調べるといいと思うよ。

千　秋：そうだね。自動車がどのくらい走っているか，交通量も調べてみようよ。

あやこ：うん。それに，地区の人にインタビューをして，道路の様子を聞いてみたいな。

勇　貴：いいね。インタビューができるように，先生に相談してみようよ。

海　人：調査に行ったとき，写真や動画をとっていいか，先生に聞いておきたいね。

（　－　話し合いは続きます　－　）

(1)　あやこさんは，「細い道路も調べた方がいいと思うよ」と言っています。あやこさんになったつもりで，細い道路を調べる理由を，**会話文**の[　　]に当てはまるように書きましょう。

結衣さんたちは，つつじ小学校近くの「つつじ小東交差点」について調べています。この交差点の，登下校の時間帯の交通量について調べていたところ，地域《ちいき》の方々が交通量調査をしたときの，調査結果の資料を見つけました。次の**表**は，その資料の一部で，下の**図**はつつじ小学校周辺の地図です。

表　ある平日における，「つつじ小東交差点」に北から来る自動車と南から来る自動車の通行台数

時間帯＼自動車の走る方角	北から西へ	北から南へ	北から東へ	南から西へ	南から北へ	南から東へ	合計台数(台)
朝　：７時３０分～８時３０分	46	168	47	15	176	59	511
夕方：３時３０分～４時３０分	32	84	34	29	97	45	321

図　つつじ小学校周辺の地図

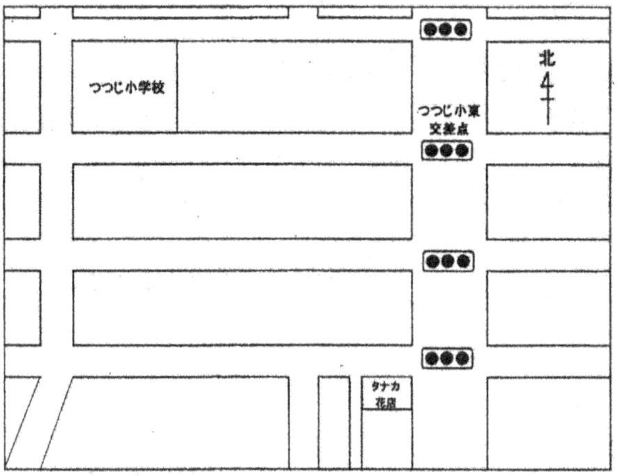

結衣さんたちは，**表**の「つつじ小東交差点」の自動車の通行台数について，朝と夕方の通行台数を比べ，次のように**ノート**にまとめました。

ノート

- 「つつじ小東交差点」に，北から来る自動車と南から来る自動車の合計台数を，朝と夕方で比べると，190台の差があり，朝の方が多い。
- 「つつじ小東交差点」をつつじ小学校の方へ曲がる自動車の台数を，朝と夕方で比べると，□

(2)　**表**からわかる内容を，**ノート**の□に当てはまるように，数と言葉を使って書きましょう。

結衣さんたちは，道路の様子について，地区の人に話を聞きたいと考えました。先生に相談したところ，タナカ花店の田中《たなか》さんが，インタビューを受けてくれることになり，先生といっしょにつつじ小学校からタナカ花店まで歩いて行くことになりました。インタビューは11時に開始する予定で，結衣さんたちは，インタビュー開始の５分前にはタナカ花店に着くようにします。次のページのノートは，インタビュー当日の出発時刻《じこく》を決めるために必要な情報をまとめたものです。

ノート

・つつじ小学校からタナカ花店への道のりは1.3㎞ある。
・結衣さんたちは，500m歩くのに８分かかる。
・つつじ小学校からタナカ花店までの道のりには，交差点が３か所あり，それぞれに信号機が設置されている。
・赤信号で横断できない場合は，１か所あたり最大で84秒待つ。

⑶　結衣さんたちは，つつじ小学校を遅《おそ》くとも何時何分までに出発しなければならないでしょうか。時刻を書きましょう。

⑷　次の**会話文**は，結衣さんたちがタナカ花店でインタビューをしているときの様子の一部です。

会話文

結　　衣：こんにちは。わたしたちは，つつじ小学校の６年生です。
　　　　　　ア
田中さん：よろしくお願いします。
あ や こ：それでは，質問します。タナカ花店さんの東側にある，大きな道路の様子について教えてください。
田中さん：その道路は，交通量がとても多いです。いつもたくさんの自動車が走っていますが，みなさんが登校する朝と下校する夕方では，交通の様子は少し変わります。朝は夕方よりも，自動車の交通量が多く，スピードを出している自動車が多いと感じます。夕方は，５時を過ぎると近くにあるスーパーマーケットへ買い物に来る人で，道路が混雑しはじめます。
千　　秋：時間帯によって，交通の様子が変わるのですね。
勇　　貴：ほかにも イ や ウ によって，交通の様子が変わりますか。
田中さん：そうですね。変わります。
健　　人：次に，タナカ花店さんの西側にある，細い道路について教えてください。
（　－　インタビューは続きます　－　）

①　結衣さんは，田中さんに気持ちよくインタビューに答えてもらえるよう，最初にあいさつを行います。結衣さんになったつもりで，**会話文**の ア に当てはまるように，インタビューの目的にふれながら，100字以上120字以内であいさつを書きましょう。

②　勇貴さんになったつもりで，**会話文**の イ ， ウ に当てはまる言葉を書きましょう。

結衣さんたちは，調べたことを地図にまとめようとしています。次の**会話文**は，結衣さんたちが，地図作りについて話し合っている様子の一部です。

会話文

結　衣：これまで調べてきたことを，地図にまとめよう。

あやこ：どんな地図にしたらいいかな。
千　秋：わたしたちが作った地図を見て，学校のみんなが安全に登下校ができるようになるといいね。
結　衣：通学路で注意が必要な場所や内容が，みんなにうまく伝わるようにしたいな。
健　人：文字ばかりだと，読むのに時間がかかるし，1年生や2年生にはわかりづらいと思うよ。
海　人：そうだね。どの学年の子が見ても，一目でわかるような地図にしようよ。
勇　貴：［　　　　　　　　　　　　　　　　　　　　］
結　衣：それなら，誰が見てもわかりやすいし，わたしたちの調べたことをきちんと伝えられるね。

（　－　話し合いは続きます　－　）

(5)　海人さんは，「どの学年の子が見ても，一目でわかるような地図にしようよ」と言っています。どの学年の子が見ても，一目でわかるような地図にするために，どのような工夫《くふう》が考えられますか。勇貴さんになったつもりで，**会話文**の［　　］に当てはまるように，60字以上80字以内で書きましょう。

【問題2】　次の文章を読んで，(1)から(4)の問いに答えましょう。**答えは，解答用紙（2枚中の2）に記入しましょう。**

(1)　6年生の裕太《ゆうた》さんは，集会委員会の委員長として活動しています。裕太さんの小学校では，「1年生をみんなで温かくむかえる」，「1年生に学校のことを知ってもらう」をめあてとして，「1年生かんげい会」を行っています。次の**会話文**は，裕太さんたち集会委員が，「1年生かんげい会」について，次のページの**資料1**，**資料2**，6ページの**資料3**を見ながら，話し合っている様子の一部です。

会話文

先　生：「1年生かんげい会」の内容について，昨年度のアンケート結果を参考に話し合ってほしいと思います。会のめあても達成できるようにしてくださいね。
陽《よう》　子《こ》：**資料2**のグラフを見ると，「楽しめた」，「少し楽しめた」と答えた人がとても多いです。だから，**資料1**のとおり，昨年度のプログラムと同じでよいと思います。
真《ま》　弓《ゆみ》：たしかにそうですが，**資料2**のグラフをよく見ると［　ア　］という課題もあると思います。
裕　太：その課題を解決するためには，プログラムの内容や，進め方を工夫する必要がありますね。プログラムの内容について意見のある人はいますか。
弘《ひろ》　樹《き》：学校しょうかいは，げきでするのがよいと思います。ただ説明するよりも，楽しんで見てもらえると思うからです。
さやか：学校しょうかいは，げきだけでなく，○×クイズもするとよいと思います。そう考える理由は，［　イ　］です。
真　弓：よいアイデアだと思います。賛成です。

裕　太：では，今年度は，学校しょうかいをげきと○×クイズの２つで行いましょう。ほかに何か意見のある人はいますか。

さやか：次のページの**資料３**を見ると，「あまり楽しめなかった」，「楽しめなかった」の回答の理由として「どんな行事かわからなくて不安だったから」とあります。「１年生かんげい会」の内容を，前もって１年生に知らせてはどうでしょうか。

（　－　話し合いは続きます　－　）

①　**資料２**のグラフから読み取れる，昨年度の「１年生かんげい会」の課題はどのようなことでしょうか。真弓さんになったつもりで，**会話文**の ア に当てはまるように書きましょう。

②　さやかさんは，「学校しょうかいは，げきだけでなく，○×クイズもするとよいと思います」と言っています。このように考える理由を，会のめあてと**資料３**のアンケート結果をもとに，さやかさんになったつもりで，**会話文**の イ に当てはまるように書きましょう。

資料１　昨年度の「１年生かんげい会」のプログラム

1　１年生入場
2　校長先生のあいさつ
3　集会委員長のあいさつ
4　かんげいの歌
5　学校しょうかい
6　メッセージカードのプレゼント
7　１年生からお礼のことば
8　１年生退場

資料２　昨年度のアンケート結果【質問１】

質問１：「１年生かんげい会」は楽しめましたか。当てはまるものを１つ選んでください。

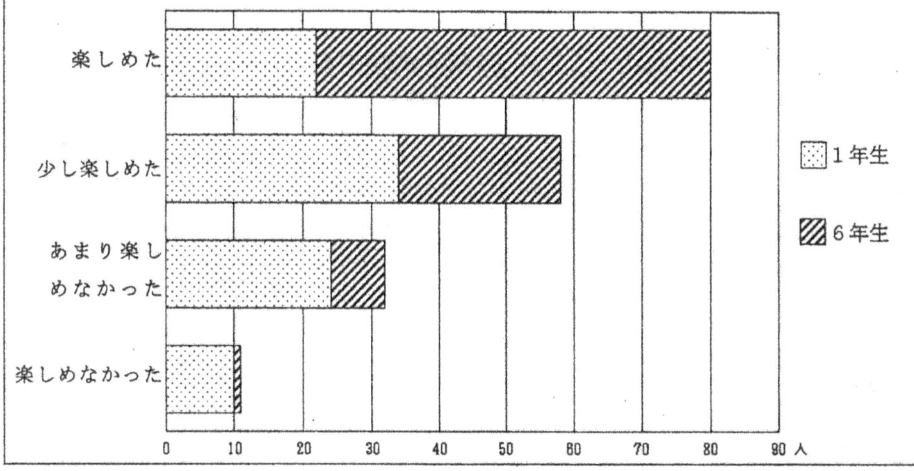

対象：１年生（９０人），６年生（９１人）。１年生の回答は，先生が１年生に聞いてまとめた。

資料３　昨年度のアンケート結果【質問２】

質問２：質問１の回答の理由を教えてください。		
	１年生	６年生
「楽しめた」「少し楽しめた」と答えた理由	・歌が上手だったから。 ・メッセージカードをもらえてうれしかったから。 ・上級生にいろいろ教えてもらえたから。	・１年生と入場できてよかったから。 ・みんなで協力して１年生をかんげいできたから。 ・１年生が喜んでいたから。
「あまり楽しめなかった」「楽しめなかった」と答えた理由	・ずっとすわって聞いているのがたいくつだったから。 ・どんな行事かわからなくて不安だったから。 ・みんなの前にならぶのがはずかしかったから。	・伝えたいことがたくさんあってメッセージカードに何を書くか，なかなか決められなかったから。 ・会の進行が大変だったから。

対象：１年生（９０人），６年生（９１人）。１年生の回答は，先生が１年生に聞いてまとめた。

裕太さんたち集会委員は，１年生に安心して参加してもらえるように，当日の朝，１年生の教室に行き，前もって「１年生かんげい会」について説明することにしました。１年生に伝えることについて，次の**メモ**をもとに，下の**説明げんこう**を書きます。

メモ

「１年生かんげい会」
日時　４月23日（金）３時間目
場所　体育館
内容　学校しょうかい（げき，○×クイズ）
　　　１年生へメッセージカードのプレゼント
入場　６年生と１年生がいっしょに（６年生が教室にむかえにいく）
その他　１年生に楽しんでもらいたい　　準備をがんばった

説明げんこう

１年生のみなさん，おはようございます。集会委員会から，お知らせがあります。

（　　　　　　　　　　）

説明はこれでおわりです。

(2)　**メモ**に書かれたことをすべて伝えるために，あなたなら，どのような**説明げんこう**を書きますか。**説明げんこう**の□に当てはまるように，140字以上160字以内で書きましょう。

1年生へのプレゼントとして，メッセージカードを書きます。2年生から5年生のメッセージカードは，1年生の教室の前にまとめて掲示《けいじ》し，6年生のメッセージカードは，「1年生かんげい会」の最後に，1年生に手わたしします。メッセージを書くためのカードは，先生が用意してくれた画用紙を，集会委員が1人分の大きさに切り分けて準備します。次の**表**は，全校児童の人数を表しており，下の**資料**は，画用紙からカードを切り分けるときに気をつけることが書かれています。

表　全校児童の人数

学年	1年生	2年生	3年生	4年生	5年生	6年生
人数（人）	89	90	91	89	86	85

資料　画用紙からカードを切り分けるときに気をつけること

・1年生1人につき，6年生が作ったメッセージカードが，1まいずつわたるようにする。
・6年生の中で，数人の児童は1人2まいのメッセージカードを書く。
・2年生から5年生は，1人1まいのメッセージカードを書く。
・先生が用意した画用紙は，全部で50まいである。
・画用紙1まいの大きさは，たて39cm，横54cmである。
・カードの形は長方形か正方形で，すべて同じ形，同じ大きさになるよう切り分ける。
・カードのたてと横の長さはそれぞれ10cm以上とし，できるだけ大きなカードを作る。

(3)　必要なカードのまい数と，切り分けるカードの大きさ（たてと横の長さ）を書きましょう。また，そのように考えた理由を，数と言葉を使って書きましょう。切り分けるカードが長方形になる場合は，どちらの長さをたてとしてもかまいません。

「1年生かんげい会」が無事に終わり，裕太さんたち集会委員でふり返りをしたところ，次の2つの**反省点**が出されました。

反省点

反省点1　終わりの時間が少しのびてしまった。
反省点2　○×クイズのとき，みんなの喜ぶ声で，司会の人の声が聞こえなくなってしまうことがあった。

(4)　2つの**反省点**について，裕太さんたちは来年度の「1年生かんげい会」がさらにうまくいくよう，来年度の集会委員会に向けて，具体的なアドバイスを書いて残しておくことにしました。あなたなら，2つの**反省点**について，それぞれどのようなアドバイスをしますか。具体的なアドバイスをそれぞれ書きましょう。

【語群】

チーター　ミジンコ　植物プランクトン

バクテリア　ワカサギ　ウサギ

(二) 文章B 中の傍線部②で「湖の生物たちはブラックバスを悪者としているのでしょうか」と筆者が言っていますが、あなたは「湖の生物たちはブラックバスを悪者としている」と思いますか。あなたの考えとそう考えた理由を説明してください。

問四　あなたが二つの文章を読んで考えた、大切なことは何でしょうか。大切だと考えたことを一つあげて、文章A、文章Bそれぞれの内容にふれながら、あなたの考えを説明してください。

となります。生態系のなかのはたらきから生物たちを見ると、このような役割《やくわり》に分けることができます。

　ただし、もう一つ、忘《わす》れてはいけない大切な役割を果たしている生物がいます。バクテリアなどの分解者です。この分解者がいないと生物が死んでもその体は腐《くさ》りません。腐るということは分解されるということですから。もし分解者がいないと、世の中は生物の死体だらけになってしまいます。死体が分解されることによって、生物の体（有機物）をつくっていた元素がもとの無機物にもどります。このときバクテリアは、死体という有機物のなかに残されていたエネルギーを利用したのです。これによって植物がためた太陽エネルギーがすべて消費されたことになります。このバクテリアによってつくられた無機物の元素は、大気や土のなかにもどされ、それがふたたび植物に利用されて光合成によって有機物へとかたちを変えるのです。このように、生態系では、太陽エネルギーの力で物質が生物と非生物的環境のあいだを循環《じゅんかん》しているのです。

　さて、湖の生態系を考えてみましょう。湖で光合成を行って太陽エネルギーを取りこんでいるのは植物プランクトンです。そして、それはミジンコに食べられます。すなわち、ミジンコは草原のシマウマと同じですね。次にミジンコはワカサギなどの小魚に食べられます。そうすると、ワカサギはライオンと同じになります。池にすんでいてみなさんがかわいがっているメダカもミジンコを食べるので、池のなかにいるライオンなんですよ。驚《おどろ》きましたか。このような言い方をすると、メダカの優《やさ》しいイメージが壊れてしまいますね。

《中略》

　ところで、ブラックバスが生態系を壊すという言い方は、この魚は湖の生物たちにとっては悪者である、という意識から生まれているように思われます。はたして②湖の生物たちはブラックバスを悪者としているのでしょうか。

（花里孝幸《たかゆき》『ミジンコはすごい！』より）

【注】＊植食動物…草食動物。
＊有機物…炭水化物やタンパク質など生物が作り出す物質のこと。
＊元素…物質を作っている基本的な成分。
＊無機物…有機物以外の物質。

問三

（一）**文章B** を踏まえて、ある生態系を次の図のように表したとき、図の空欄《くうらん》ア～カに入るものとして適切な語を、後の語群から選んで入れてください。

図

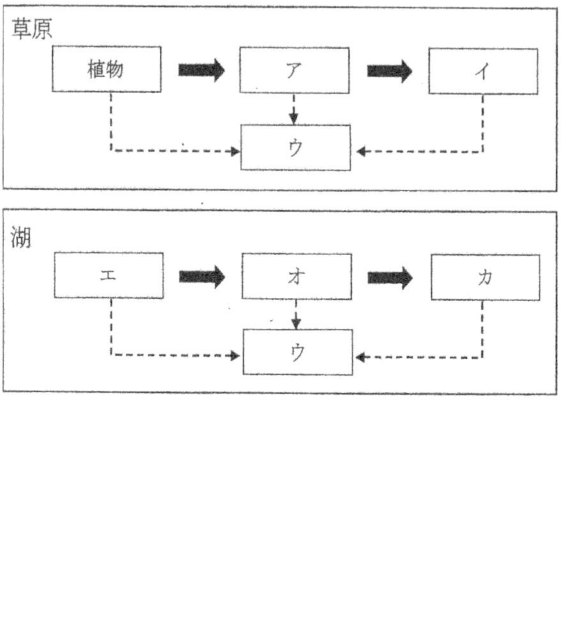

今みなさんが地球研で研究している「環境《かんきょう》」とは、そういうふうに、何だかわけのわからない条件がいっぱい組みあわさっているもので、昔、ぼくが教わったみたいに一対一、こういうことがあったらこうなる、なんてものではないということがよくわかりました。

（日高敏隆《ひだかとしたか》『世界を、こんなふうに見てごらん』より）

【注】＊蛹化…サナギになること。

＊ホルモン…生物の体内でつくられ、体のさまざまな働きを調節する物質。

＊神経節…神経が集まっている部分。

＊地球研…「総合地球環境学研究所」の略。

問一　文章A 中に傍線部《ぼうせんぶ》①「いっしょうけんめい調べて、こうじゃないか、ああじゃないかと考え、また調べる」とありますが、あなたが今までに興味をもって調べたことについて、調べた過程を含《ふく》めて具体的に説明してください。また、調べたことからわかったことと、それをもとに考えたことを書いてください。

問二　文章A のサナギの研究の結果を踏《ふ》まえて、次の条件のとき、サナギは茶色になるか、緑色になるか、どちらの可能性が高いと思いますか。あなたの考えとそう考えた理由を具体的に説明してください。説明には表を使っても構《かま》いません。

〈条件〉　ジメジメした温室に張られている茶色の細いひも

文章B

最近は、ブラックバスが日本中の湖で急速に分布を広げていますね。これはブラックバスを積極的に放流している人がいるからでしょう。そして、このブラックバスの増加が大きな社会問題になっています。これは魚食魚《ぎょしょくぎょ》なので、湖にいる魚を食べてしまいます。そのため、漁業に深《しん》刻《こく》な問題が生じているところもあります。ブラックバスの悪影響《あくえいきょう》を考えずに放流する人がいることは大変残念に思っています。

ところで、この問題では「ブラックバスが湖の生態系《せいたいけい》を壊《こわ》す」という声をよく耳にします。これを聞くと、私《わたし》は思わず首をかしげ、それを言った人に尋《たず》ねてみたくなります。「ブラックバスが壊す生態系ってどんな生態系のことをさすのですか」。

ブラックバスの増加にともなって生じる問題の多くは在来の魚が減ることなので、おそらく壊される生態系とは、往来の魚群集のことをさしているのだと私は想像しています。そうだとするとおかしいですよね。湖には魚しかいないのでしょうか。

《中略》

ここで生態系の例としてアフリカの草原を考えてみましょう。草原にはシマウマやウサギなど、多くの動物がくらしていますね。これらの動物は植食《しょくしょく》動物で、草や樹木《じゅもく》がたくわえた太陽エネルギーを体に取りこんで生きています。また、ここにはこの動物を食べて生きている肉食動物もいます。ライオンやチーターなどです。これらの動物は、シマウマなどから生きるためのエネルギーを得ているのですが、そのエネルギーはもともとは植物が取りこんだ太陽エネルギーなのです。すると、ここでは「草→シマウマ→ライオン」という食物連鎖《れんさ》が存在《そんざい》し、それによって物質とエネルギーが移動していることになります。そこで、草などの植物を生産者と呼《よ》びます。太陽エネルギーを使って有機物を生産するからです。シマウマは一次消費者と呼びます。生産者を最初に消費する生き物だからです。すると、ライオンは一次消費者を食べるので二次消費者せんでした。

もしかすると茶色くするホルモンが出るか出ないかを決めているのはにおいじゃないかと思ったこともありました。生きている植物って青臭《あおくさ》いですから。

そういう実験をしてみると、まさに青臭いにおいがすれば緑色のサナギになる。そこで、京大の先生で世界的にも有名な青臭さの研究をされている方のところに行って、アオバアルコールという物質があるんですが、それをいただいてきて強引《ごういん》な実験をしました。割《わ》り箸《ばし》、つまり枯れた木にその物質をつけるとプンプン青臭い。ここに幼虫を放しておいたら、みんな緑色のサナギになるかと思ったら、ならないんです。

そういうむちゃくちゃな実験はやっぱりだめであるということがよくわかりました。

結局、ことは非常に複雑らしいということまでわかってきたところで、あとは、今、広島大学にいる本田計一さんという人がうまくまとめてくれました。

木などにとまって糸をかけるとき、それが青臭いかどうか、生きた植物であるかどうかがまず問題で、その場合は緑色のサナギになる。でもそれだけが決め手じゃないんです。そこの曲率半径が小さいか大きいか。

曲率半径が大きいということは平たいということですが、そういうところにくっつくとなかなか緑色にならない。曲率半径が小さければ緑色になる。

さらに、この曲率半径とは関係なく、そこがツルツルかザラザラかということがまた問題になる。ツルツルであれば緑色になる確率が高まる。ザラザラであれば茶色くなる。

さらに、温度が高かったら緑色になる。また、湿度《しつど》が高かったら緑色になる。

におい、曲率半径、テクスチャー（質感）、温度、湿度。少なくとも五つぐらいの条件が全部、完全に独立にあるということをまとめてくれました。

それでやっとぼくはわかった。

たとえばこんなマイクのコードのようなところですね。ここにとまれば緑色になる。

これは生きた植物ではないので青臭くないから、茶色くなるはずですが、曲率半径は小さい。そしてツルツルです。さらにこの部屋は暖《あたた》かくて湿度も高い。これで四つ緑色になる条件がそろう。するときれいな緑色のサナギができちゃうんです。こんなところでね。

いちばんわからなかったのは、まったく透明《とうめい》なガラス板の上にできるサナギです。茶色いのと緑色のと両方できますが、緑色になるのは夏なんです。湿度が高くて気温が高くて表面がツルツル。緑色になる条件は三つある。いっぽうガラスに青臭みはなく、曲率半径は大きい。茶色になる条件はふたつです。そうすると、五つの条件のうちの三つは緑色になる方向なので、緑色のサナギになる。

しかし同じガラスの上でも冬ですと、においはしない、曲率半径は大きい、温度は低くて湿度も低い、と、茶色になる条件が四つになる。するとサナギは茶色くなる。

なるほどと思いました。自然界というのはそんなふうに複雑にできているんだと。

ところが、アゲハチョウというのは、サンショウの葉っぱも食べます。サンショウの枝は緑色の軸《じく》の上に茶色い薄《うす》い皮をかぶっているので、外から見ると茶色いんです。そのサンショウの枝にとまったサナギも緑色になる。とまったところは茶色いんだけれども緑色のサナギができる。

これで色ではないということがはっきりした。

結局わかったのは、生木のカラタチの細い緑色の枝にできたサナギが百パーセント緑色になるということだけ。あとはわからない。

論文《ろんぶん》も早く書かなきゃいかん。しようがないからとにかくカラタチの緑色の枝にとまったやつは百パーセント緑色になりますという、もう考えたら非常にくだらないような論文を書きました。

しかし、実はそれはまったくくだらないことではなかったんです。

蛹化《ようか》を観察していてもわけがわからないので、次にどうして色が出るのかを調べてみようと思いました。

そのころは昆虫《こんちゅう》にもホルモンがあるらしいという話がやっと出てきたころでした。これはもしかしたらそうかもしらんと思ったので、サナギになる前に芋虫を糸で縛《しば》った。今はそういう方法はあまりよくないとされているようですが、そのころは平気でギュッと縛っていました。

すると皮を脱《ぬ》いだら前は茶色、後ろは緑色のサナギになったんです。縛る場所を変えて頭のほうにずらしていくと、いつも頭のほうは茶色、後ろのほうは緑色になる。

それで前のほうからサナギを茶色にするホルモンが出るんだろうというと、そんなことはない、後ろから緑色のホルモンが出るかもしれないじゃないかという人がいる。

確かにそうなんですが、しっぽの先からホルモンが出るというのはあまり考えられない。やっぱり頭から出るんだろうと思って調べていくと、結局そうだとわかってきました。

そこまでは高校時代にやっていた研究でした。

大学に入りまして、福田宗一《そういち》先生という、日本に名だたるホルモンの先生がいましたので、その先生について教わりました。しかしそれ以上さっぱり進まない。

先生は脳《のう》のホルモンを研究していたので「脳がホルモンを出すんだ」という。「脳を取ってみろ」というので取ったらほんとうに緑色のサナギになる。今度は「植えてみろ」というので脳を植える。すると茶色になるかというと、ならないんですね、まったく。

「おまえの技術が下手《へた》だからだ。練習に来い」というので、当時福田先生のいた松本（長野県）まで行っていっしょうけんめい練習しました。でも、いくらやっても全然ダメなんです。

そのうち、ぼくは、脳ばかりではないんじゃないかと思いました。アゲハの幼虫では頭から胸《むね》で三つの神経節がつながっていて、その三つ全体から茶色くするホルモンが出る。ある程度そういうことがわかりましたので、その話を先生にしたら「そうやろう、ワシもはじめからそう思うとった」と（笑）。

《中略》

また、ある偉《えら》い先生は「茶色くなるということは、酸素によって酸化されるんだから、純酸素《じゅんさんそ》の中に漬《つ》けてみたらどうなるかやってみろ」という。

「そうですか」とはいったけど、自然界に純酸素なんてあるはずないんだから、そんなアホなことはないと思いまして、そういうことはやりま

【適性検査Ⅱ】（四五分）

問題　次の 文章A 、 文章B を読み、問一～四に答えなさい。

文章A

次の文章はある講演会を記録したもので、生物学者の筆者が自分のこれまでを振《ふ》り返《かえ》りながら、自分の研究を紹介《しょうかい》しています。

ずる休みして近くの原っぱに行く。東京の町の中にもそのころは原っぱがあって、草木も生えています。

そういうところをずっと見ていると、たまたま小さな芋虫《いもむし》が木の枝をいっしょうけんめい歩いている。つい「おまえ、どこへ行くつもり？」と聞きたくなる。声に出して聞いたこともあります。

もちろん、虫は返事をしてくれませんから見ているほかない。見ていると木のいろいろなところに若葉《わかば》が出ている。それをいきなりパクパク食べはじめます。それで「おまえ、これが欲《ほ》しかったの」とわかる。

何か虫と気持ちが通じあったような気になって、すごくうれしかった。

あとで考えると結局ぼくはずっとそういうことをしてきたんじゃないか。

つまり、動物たちに「おまえ、何をするつもり？」とか「何を探《さが》しているの？」と聞き、向こうは答えませんから①いっしょうけんめい調べて、こうじゃないか、ああじゃないかと考え、また調べる。

それをいろいろな動物について行ってきたということに、どうもなるような気がします。

先ほどいった変な研究というのはそういうことです。中には、ずいぶんおかしなこともやりました。

《中略》

それから、ご存《ぞん》じの方が多いと思いますが、アゲハチョウのサナギは保護色になります。

緑色の小枝にとまったやつはきれいな緑色のサナギになるし、枯《か》れ枝にとまったものは茶色いサナギになる。幼虫《ようちゅう》のときもチョウになったときも互《たが》いにまったく同じなのに、サナギのときだけ色が違《ちが》う。これを不思議に思った人はたくさんいるんですが、ぼくもなぜだろうと思った。

みな思っていたことは、保護色だからサナギは周囲の色を見ているんだろうということです。つまり、緑色のところにとまったやつは、自分のとまっているところが緑色だから、じゃあといって緑色になる。茶色い木の幹にとまったやつは、糸をかけたところが茶色だから茶色のサナギになる。

そこでいろいろな実験をする人もいました。実験には色紙を使うんですが、やってみたデータはわけがわからない。たとえば茶色い紙の上でサナギにならせたものは、六匹《ぴき》が茶色で四匹《ひき》が緑色。それから、緑色の紙でサナギにならせたやつは、六匹が緑色で四匹が茶色になる。

実験した人は、だからサナギの色は周りの色で決まると書いていましたが、そんなことはないだろう、このデータではどっちだって同じことじゃないかと思った。調べていきますと、実にそういう、一見くだらない「なぜ」がいったいどういうことなのか全然わからないんです。

そのうちに、色じゃないということがわかってきました。カラタチの小枝はきれいな緑色で、そこについているサナギは確かに緑色になる。

二〇二二年度

市立太田中学校入試問題

【作　文】（四五分）

【問題】　次の文章を読んで、【課題1】、【課題2】について、自分の考えを書きましょう。

《注意》　解答用紙には、題名を書かずに文章から書き始めること。

　史上最年少の17歳《さい》で初タイトルをとった将棋《しょうぎ》の藤井聡太《ふじいそうた》棋聖《きせい》(注1)。二冠《かん》目をかけた王位戦第3局が8月4日から2日間で行われます。

　藤井棋聖の活躍《かつやく》はひさびさの明るい話題です。みなさんの中には藤井棋聖にあこがれて将棋を始めた人がいるかもしれません。将棋盤《ばん》も売れています。プロの対局を見ていて気になるのは勝負のついた瞬間《しゅんかん》です。

　将棋は王将の駒《こま》を取られたら負けですが、最後まで指さなくても、もう勝てないと思える時が来ます。それまで無言で盤に向かっていた棋士(注2)が、さっと一礼。「負けました」「参りました」と相手に言います。

　負けたほうはくやしくてたまらないはずです。席を立って帰ってしまいたいくらいの気持ちをおさえて自分から負けをみとめる。勝負のあとは相手と一緒《いっしょ》に駒を並べ直し、なぜ負けたのか考え、自分のミスや弱点をふり返ります。この姿勢を見習いたいと、見るたびに思うのです。

出典「朝日小学生新聞」二〇二〇年七月三十一目（金）天声こども語

※注　1　棋聖…囲碁や将棋で、強い棋士に与えられる称号《しょうごう》（呼び名）。
　　　　　そのほかに、名人、竜王《りゅうおう》などもある。
　　　2　棋士…囲碁《いご》または将棋をすることを職業としている人。

【課題1】

　この文章の――線部に「自分のミスや弱点をふり返ります」とあります。自分のミスや弱点をふり返ることについて、あなたはどう思いますか。理由も含めてあなたの考えを二百字以内で書きましょう。

【課題2】

　弱点はだれにもあるものですが、太田中学校に入学したら、あなたは自分の弱点にどのように向き合って生活していきますか。あなたの小学校での経験をふまえて、四百字以内で書きましょう。

2022 年 度

解 答 と 解 説

＜適性検査Ⅰ解答例＞

【問題１】 (1) 自動車は少ないけれど，見通しが悪いところや，歩道や信号がないところもあって，歩くときには注意が必要だからだよ。

(2) 61台で，同じである。

(3) (遅くとも)10(時)30(分までに出発しなければならない。)

(4) ① **ア**

おいそがしい中，インタビューを受けてくださりありがとうございます。わたしたちは，通学路の交通安全について調べています。今日は，タナカ花店さんの，近くの道路の様子について聞きたいと思いますので，よろしくお願いします。

② **イ** 曜日

ウ 天気

(5) 注意してほしい場所の写真をはったり，注意してほしい内容をイラストで示したりして，何に気をつければいいのかが一目でわかるようにするのはどうかな。

【問題２】 (1) ① **ア**

６年生と比べると，１年生は「楽しめた」と答えた人の数は少なく，「あまり楽しめなかった」，「楽しめなかった」と答えた人も多い

② **イ**

「１年生に学校のことを知ってもらう」というかんげい会のめあても達成できるし，１年生がすわって聞いているだけでなく，いっしょに参加して楽しめるから

(2) 今日の３時間目に，体育館で１年生かんげい会をします。学校しょうかいのげきや○×クイズ，メッセージカードのプレゼントがあります。１年生は，６年生といっしょに入場します。入場の前に，６年生が教室にむかえに来るので，待っていてください。かんげい会にむけて，みんなで準備をがんばってきました。今日は楽しんでください。

(3) 【必要なカードのまい数】 445(まい)

【カードの大きさ】 (たて)13(cm)，(横)18(cm)

【理由】

必要なカードのまい数は，２年生から５年生までの分が356まいで，６年生が書く１年生分が89まいなので，計445まいとなる。画用紙１まいあたり，カードを９まいずつ切ると，50×9＝450まいのカードを作ることができるので，画用紙１まいあたりから，９まいのカードを切り分ければよい。１ま

いの画用紙から，同じ大きさで，できるだけ大きいカードを９まい作るには，画用紙のたてを３等分，横を３等分して，画用紙のたて39cm÷3＝13cm，横54cm÷3＝18cmとすればよいから。

(4)【反省点１】

計画を立てるときに，プログラム内容の１つ１つが，予定時間内に終わるかどうかを，事前によく確かめておく。

【反省点２】

クイズを始める前に，「正解を発表したあとは，次の問題を言うので，すぐ静かにしてほしい」ということを，みんなにお願いしておく。

＜適性検査Ⅰ解説＞

基本【問題１】（総合問題：条件作文，地図の読み取り，計算）

(1) ふだん自分が細い道を通るとき，どんな危険が起こりそうか考える。見通しが悪い道や，歩道や信号がない道など，さまざまな道があり，そこで事故が起きてしまうかもしれないと思いうかべる。それらをまとめて記述する。

(2) **図**より，つつじ小東交差点をつつじ小学校の方へ曲がるのは，北から西に向かう車と，南から西に向かう車であることがわかる。**表**のそれらの部分に着目すると，朝は46＋15＝61，夕方は32＋29＝61となる。よって，朝と夕方はともに61台ということがわかる。

(3) まず，信号がすべて青だった場合にかかる時間を考える。1300÷500＝2あまり300となる。300mにかかる時間は，$(300\times8)\div500=\frac{24}{5}$となり，信号がすべて青だった場合は$\left(16+\frac{24}{5}\right)$分かかることがわかる。次に，信号が全て赤だった場合の信号の待ち時間を求める。１か所あたり84秒かかるのを分で表すと$\left(1+\frac{2}{5}\right)$分となる。これが３か所あるため，$3\times\left(1+\frac{2}{5}\right)=\left(3+\frac{6}{5}\right)$となる。よって，最初に求めた全て青信号だった場合に３か所の信号の待ち時間を加えることで，最も時間がかかる場合の時間を求めることができる。$\left(16+\frac{24}{5}\right)+\left(3+\frac{6}{5}\right)=25$　よって，最長25分かかることがわかる。インタビュー開始の11時の５分前に着きたいと考えていることも加えて考えると，遅くとも10時30分に小学校を出発すれば必ず時間内に着く。

(4) ①　タナカ花店が，わざわざ私たちのために時間をさいてくださっていることを忘《わす》れず，そのことへの感謝も必ず伝える。具体的にどんなインタビューを行うかについては簡《かん》単にわかりやすく伝える。

②　どんな時に車を使うか考える。雨の日は車を使う人が増える，習い事が火曜日にある人は，火曜日は送ってもらうなど，天気や曜日によって左右されることを思いつければよい。

(5) 一目でわかるような工夫を考える。ふだんよびかけされていることは，どのような方法を使って呼びかけているか思い出してみると，ポスターなどが思いうかぶ。それらをわかりやすくするために写真をはったり，イラストをつけたりする方法が考えられる。

【問題２】（総合問題：会話文，条件作文）

(1) ①　**資料２**で６年生と１年生を比べると，１年生は，「あまり楽しめなかった」，「楽しめなかった」と回答した人が多いことが読み取れる。そのことについて記述できればよい。

② **資料3**より，ずっとすわっていることがたいくつだったとあり，参加できる何かを作ることによって，めあてである学校を知ってもらうことだけでなく楽しんでもらうことができるということをまとめられればよい。

(2) 1年生にわかりやすいということを最も意識して伝える。また，楽しいことがあるということ，不安にならないように工夫していることなど，自分たちが考えてきたこと，がんばってきたことを簡《かん》単にまとめる。

(3) 6年生は1年生の人数分カードを書くので，必要なカードのまい数は1年生から5年生までの人数と同じになる。よって，**表**より，445まいカードが必要なことが読み取れる。そこから画用紙50まいで445まい以上のカードを作ると考えると，画用紙1まいでカードを9まい取ることで450まいのカードを作ることができる。よって，大きさが等しく9まいずつ取るためのカードの大きさは(画用紙のたてのながさ)÷3，(画用紙の横のながさ)÷3で求められる。

(4) 反省点1に関しては，終わりの時間がのびないよう，よゆうをもった予定をたてる，事前に予定時間内に収《おさ》まるように確かめておくなど，さまざまなアドバイスが考えられる。反省点2に関しては，みんなに司会の話をよく聞くよう事前に呼《よ》びかけておく，6年生みんなに協力して注意してもらうなどのアドバイスが考えられる。

★ワンポイントアドバイス★

会話文や資料から情報を読み取って答える問題が多い。複雑な計算は少ないが，計算の仕方や考え方を問われることもあり，簡潔《かんけつ》な言葉でまとめる練習が必要。なにより，自分で呼びかけや説明などの文章を書く部分が多く，日ごろから自分で文章を組み立てる練習も必要。

＜適性検査Ⅱ解答例＞《学校からの解答例の発表はありません》

【問題】 問一　私は，地しんによって起こる液状化現象の仕組みについて調べた。政府のサイトでは，「水分の多い土地でよく発生する」と書かれていたため，タッパーに水と砂を入れて混ぜ合わせ，下にえん筆を何本か置き，地しんを再現する実験を行った。すると，砂がタッパーの底にしずみ，水がうき出る結果になった。このことから，液状化現象とは水と砂が混ざっている状態から，別々に分かれることで起こるのではないかと考えた。

問二

色	茶色	緑色
におい	青臭くない	青臭《あおくさ》い
曲率半径	大きい	小さい
質感	ザラザラ	ツルツル
温度	低い	高い
湿度《しつど》	低い	高い

サナギが緑色になるか茶色になるかを表にまとめると，上の表のようになる。問二の条件だと，緑色になる条件のうち曲率半径，温度，湿度の三つがあてはまるため，サナギは緑色になる可能性が高いと考える。

問三　(一)　ア：ウサギ　イ：チーター　ウ：バクテリア　エ：植物プランクトン

オ：ミジンコ　カ：ワカサギ

（二）　私は，湖の生物すべてが，ブラックバスを悪者としているとは思わない。確かにブラックバスは魚食魚であるため，湖の魚たちにとっては天敵かもしれない。しかし，湖の一次消費者であるミジンコ等にとってブラックバスは，自分たちを食べる二次消費者を減らしてくれる存在《そんざい》である。このため私は，ブラックバスが湖の生物すべてにとっての悪者であるとは言いきれないと考える。

問四　私は，物事を考えるときには，複数の見方で考えることが大切だと考える。文章Ａからは，サナギの研究の事例より，複数の視点から物事を考察する大切さを学んだ。文章Ｂからは，生態系において，ある生物が他のすべての生物から悪者だと思われているとは言いきれないことを学んだ。この二点から，さまざまな見方で物事を公平にとらえることが重要だと考えた。

＜適性検査Ⅱ解説＞

基本 **【問題】**　**（国語：文章読解，条件作文）**

問一　前半部分では，自分が今まで調べたことについて，具体的な過程を述べる。何をしたか，読む人が想像できるようにくわしく書くのがよい。後半部分では，行ったことに対しての結果と，そこから考えたことを，簡潔《かんけつ》に述べる。前半と後半で，文章量に差が出すぎないようにする。

問二　サナギが緑色になるか茶色になるかの研究において，ポイントとなる要素は「におい」「曲率半径」「質感」「温度」「湿度」の５つである。まずは，サナギが緑色になるとき，茶色になるときそれぞれについて，５つの要素がどのような特ちょうを示すかをまとめる。続いて，あたえられた条件下において，５つの要素が緑色・茶色のどちらの特ちょうをもつかを，それぞれ読み取る。問二の条件では，曲率半径が小さく，温度と湿度が高いことから，３つの要素が，緑色になるときの特ちょうを備えているため，サナギは緑色になる可能性が高いと考えられる。

問三　（一）　筆者が草原と湖それぞれの生態系《せいたいけい》を比かくしながら述べている部分に着目し，語群から適切な語を選んで書く。

（二）　まずはじめに，「湖の生物たちはブラックバスを悪者としているか」について，自分の意見を述べる。そして，そのような考えにいたった理由をわかりやすく説明する。ブラックバスが湖の魚を食べることで，どのようなことが起こるかを考えてみるとよい。また，「なぜなら」「そのため」などの言葉を用いると，理由を述べていることがわかりやすくなる。最後にもう一度自分の考えを述べてまとめる。

〈別解〉　私は，湖の生物はブラックバスを悪者としていると思う。なぜなら，湖にブラックバスが入ると，それまで保たれていた生態系の中で，より強い生物としてあらゆる生物を食べてしまうからだ。これにより，ブラックバスに食べられた生物が絶めつしたり，その生物が食べていた生物が異常《いじょう》にはんしょくしたりする。生物はたがいにバランスを取りながら子孫を残せるようにしたいので，生態系をくずすブラックバスを悪者としていると考える。

問四　問三と同様に，まず「大切なことは何か」についての自分の考えを述べる。その後，**文章Ａ**からわかったことと，**文章Ｂ**からわかったことの二点にふれて，最後にもう一度自分の考えをまとめる。**文章Ａ，Ｂ**の要点が「物事をあらゆる面から見ることが大切である」という点であることを読み取れているかが重要になる。また自分の意見を最初と最後の両方で述べ，伝わりやすい主張にすることも大切である。

★ワンポイントアドバイス★

それぞれの問題に対して，どの内容について読み取り，考察すべきなのかをおさえることが重要である。具体的に記述すべき部分を考えたり，自分の意見と読み取った内容の記述を区別して書いたりと，整理しながら問題と向き合うことが必要となる。文章構成力が求められる問題が多かったが，接続語等を適切に用いて対応するとよい。

＜市立太田中学校　作文解答例＞《学校からの解答例の発表はありません》

【課題１】 自分のミスや弱点をふり返ることは高い目標を達成するための手段の一つだと思う。なぜなら，ミスや弱点をふり返ることは単なる反省ではなく，次に進むための準備だと考えるからだ。テストでまちがえた問題があったとき，何をどうまちがえたのかをふり返ったほうが，改善すべきことや同じまちがいをしない対処法を見つけやすかった。そのため，自分のミスや弱点のふり返りは，目標達成に欠かせないものだと思う。

【課題２】 私は，太田中学校に入学したら，引っこみ思案であるという自分の弱点に向き合ってこく服していきたいと考えている。

小学四年生のとき，運動会のクラス対こうリレーに出場することがあった。当時私は，リレーの練習のたびにバトンの受けわたしがスムーズにできていないと考えていたため，直したいと思っていた。しかし，自分からだれかに声をかけることが苦手な私は，バトンの受けわたしのための練習を提案できず，そのまま本番をむかえてしまった。その結果，バトンの受けわたしに時間がかかってしまい一位を取ることができなかった。気づいた点を積極的に共有し，バトンの受けわたしの練習ができていれば一位を取れたかもしれないと残念に思った。

この経験から，他の人とコミュニケーションをとることが大切だと気づいたため，引っこみ思案をこく服するため，いろいろな人と積極的にかかわっていきたい。

＜作文解説＞

【課題１】

あたえられた文章の一部について自分の考えを述べる作文である。文章の内容を理解し，それをふまえた上での作文にしたい。「理由も含めて」という条件を見落とさないように気をつけ，自分の考えに説得力をもたせられるように理由をまとめられるとよい。

【課題２】

課題１をふまえて自分の弱点と照らし合わせ，それをわかりやすく説明することができるかが問われた。小学校での経験をふまえながら自分の弱点を説明し，その弱点との向き合い方を明確に示すことが重要である。弱点の明示，経験，今後どうしていきたいかの順に文を展開《てんかい》できるとわかりやすい。「四百字以内」という指定に気をつけ，いくつかの段落《だんらく》を設けながら説明したい。

★ワンポイントアドバイス★

理由や経験を交えることでより説得力のある文章に仕上げられることをふまえて，字数制限内でどのように展開すればよいのかを考えながら書く。相手に伝わる，わかりやすい文を心がける。

2021年度

入試問題

2021年度

群馬県公立中等教育学校・中学校入試問題

【適性検査Ⅰ】（45分）

【問題１】 次の文章を読んで，⑴から⑶の問いに答えましょう。**答えは，解答用紙（２枚中の１）に記入しましょう。**

６年生の弘樹《ひろき》さんの学級では，「地域《ちいき》の歴史を知ろう」という活動の１つとして，歴史施設巡《しせつめぐ》りの校外学習を予定しています。歴史施設巡りは，班《はん》で考えた見学コースを路線バスでまわります。班別でＡ寺かＢ寺のどちらかを選んで見学したあと，さくら神社，つつじ寺，歴史資料館の３か所を見学し，ゴール地点のＣ寺に集合します。

⑴ 次の**会話文**は，弘樹さんが班長をつとめる６人グループが，見学先について相談している様子の一部です。弘樹さんは班長として，みんなの意見を聞き，見学先を決めたいと考えています。**会話文**の［　　］に当てはまる文章を，弘樹さんになったつもりで考えて書きましょう。

会話文

弘　樹：Ａ寺とＢ寺のどちらか１つを選ばなくてはならないけれど，みんなはどっちに行きたいかな。
聡《さと》　史《し》：ぼくはＢ寺に行きたいな。日本庭園がすごくきれいだって聞いたことがあるよ。
さとこ：わたしも賛成ね。前から気になっていたのよ。
優《ゆう》　太《た》：そうなんだ。でも，Ｂ寺はＡ寺より遠いし，バスの乗りかえも必要だよ。Ａ寺に行く方が時間もかからないし簡単《かんたん》だと思うよ。その分ゆっくり見学できるし，ぼくはＡ寺がいいな。
良《よし》　江《え》：そうだね。Ａ寺のことはよくわからないけれど，ゆっくり見学したいから，Ａ寺にしようよ。
健《けん》　太《た》：ぼくもＡ寺がいいと思うな。
聡　史：でも，見学できる時間が減ったとしても，やっぱりぼくはＢ寺に行きたいな。
弘　樹：ここまでの話だと，Ａ寺希望が３人で，Ｂ寺希望が２人だね。
優　太：Ｂ寺はあとで，自分で行ってもいいんじゃないのかな。みんなで行くのだから，Ａ寺にしようよ。
弘　樹：［　　　　　　　　　　］
良　江：そうだね。まずはインターネットを使って，それぞれの寺のホームページを見てみようよ。

相談の結果，弘樹さんたちの班はＢ寺を見学することになりました。Ｂ寺を見学したあとは，さくら神社，つつじ寺，歴史資料館の３か所をまわります。３ページの**会話文**は，弘樹さんたちの班で，Ｂ寺を10時に出発したあと，３か所の見学先をどのような順序でまわるか，**資料１**，**資料２**，**資料３**を見ながら計画をしている様子の一部です。　**（資料１～資料３は次のページにあります。）**

資料１　計画を作る際の注意点

・施設間の移動には，路線バスを使う。
・さくら神社，つつじ寺，歴史資料館の全てを見学し，見学時間を守る。
・つつじ寺ではガイドさんの説明があるため，11時30分までに入場する。
・昼食時間（12時～13時の間に食べ始めて40分間）を必ずとる。
・バス停から見学施設までの移動時間は考えなくてよい。

資料２　各施設間の路線バスによる移動時間と見学時間

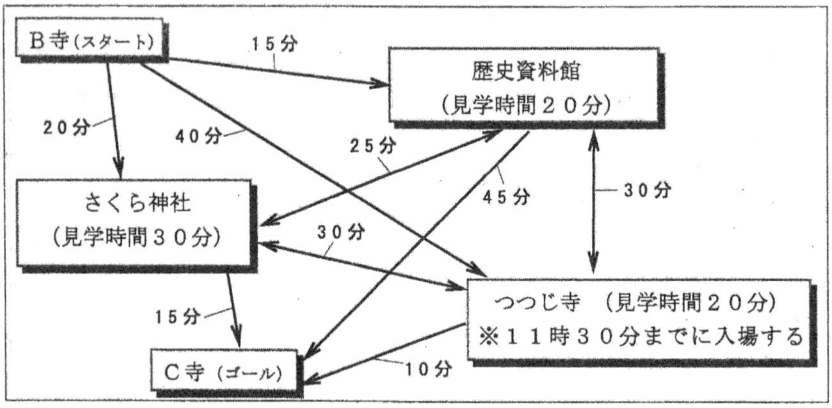

資料３　各施設からの路線バスの出発時刻《じこく》

B寺発

B寺→さくら神社		B寺→つつじ寺		B寺→歴史資料館	
１０時台	05　20　40	１０時台	15　30　45	１０時台	05　35　45

さくら神社発

さくら神社→つつじ寺		さくら神社→歴史資料館		さくら神社→C寺	
１０時台	05　35	１０時台	50	１０時台	15　30
１１時台	05　35　55	１１時台	10　30　50	１１時台	30
１２時台	05　35　55	１２時台	50	１２時台	15　30
１３時台	05　35　55	１３時台	10　30　50	１３時台	15　30
１４時台	05　35	１４時台	30　50	１４時台	15　30

つつじ寺発

つつじ寺→さくら神社		つつじ寺→歴史資料館		つつじ寺→C寺	
１０時台	00　20　40	１０時台	00　30	１０時台	15　45
１１時台	00　20　40	１１時台	30	１１時台	15　45
１２時台	00　40	１２時台	00　30	１２時台	15　45
１３時台	00　20　40	１３時台	30	１３時台	15　45
１４時台	00　20　40	１４時台	00　30	１４時台	15　45

歴史資料館発

歴史資料館→さくら神社		歴史資料館→つつじ寺		歴史資料館→C寺	
１０時台	10　25　45	１０時台	25　45	１０時台	00　35
１１時台	10　40	１１時台	05　25　45	１１時台	00　35
１２時台	10　25　45	１２時台	25　45	１２時台	00　35
１３時台	10　40	１３時台	05　25　45	１３時台	00　35
１４時台	10　25　45	１４時台	25	１４時台	00　35

会話文

弘　樹：見学順を考えるときには，前のページの**資料２**のバスの移動時間が大切だね。

健　太：バスの出発時刻《じこく》も大切だと思うな。前のページの**資料３**を見ると，Ｂ寺からつつじ寺に行く最初のバスは10時15分発だね。Ｂ寺から歴史資料館へ行く最初のバスは10時５分発だけど，もしもそのバスに乗りおくれたら，次は［ア］発になってしまうね。

さとこ：スタートのＢ寺とゴールのＣ寺の間に見学先が３つあるから，全部で［イ］コースの組み合わせが考えられるね。

良　江：つつじ寺には11時30分までに入場しないといけないことにも気をつけないとね。

聡　史：そうだね。ゴールのＣ寺の直前につつじ寺に行くコースは，11時30分の入場時間に間に合わないね。

優　太：ぼくはＣ寺をゆっくり見学したいけど，一番早く着くのはどのコースだろう。

さとこ：手分けをしてそれぞれのコースでかかる時間を計算してみようよ。

（　－　数分後　－　）

優　太：計算すると，Ｂ寺の次につつじ寺に行く２つのコースは，両方ともＣ寺に着くのが14時30分以降《いこう》になるけど，他のコースはどうかな。

健　太：Ｂ寺→さくら神社→つつじ寺→歴史資料館→Ｃ寺のコースは，［ウ］

弘　樹：Ｂ寺→歴史資料館→つつじ寺→さくら神社→Ｃ寺のコースは，［エ］にＣ寺に到着《とうちゃく》するから，一番早いね。

⑵　**会話文**の［ア］と［エ］に当てはまる時刻を，［イ］に当てはまる数字を，［ウ］に当てはまる文章をそれぞれ書きましょう。

さとこさんは，歴史施設巡りを終えて考えたことを，次の**発表げんこう**にまとめました。

発表げんこう

今回の歴史施設巡りで一番印象に残ったのは，歴史施設と街が一体となっていたことです。身近な場所で，歴史的価値のあるものや古い街並《まちな》みを守りながら，街の開発がすすんでいることに気がつきました。

わたしの家のすぐ近くにも，歴史のある神社がありますが，その神社のすぐ隣《となり》に大型のショッピングモールができる計画があることを知りました。ショッピングモールができると，便利になることもあると思いますが，神社の静かで落ち着いたふん囲気がどうなってしまうか心配です。わたしは，歴史施設巡りで感じたことをもとに，神社のふん囲気を守りながらショッピングモールを作るためのアイデアを考えました。

今後は，歴史施設巡りで感じたことと，わたしの考えたアイデアを，ショッピングモールを運営する会社や，市役所で街の開発を担当《たんとう》している方などに伝えられたらよいと思っています。

⑶　**発表げんこう**中の下線部「神社のふん囲気を守りながらショッピングモールを作るためのアイデア」について，あなたならどのようなアイデアを考えますか。**発表げんこう**の内容を参考にして，40字以内で考えて書きましょう。

【問題２】 次の文章を読んで，⑴から⑷の問いに答えましょう。**答えは，解答用紙（２枚中の２）に記入しましょう。**

群馬小学校では６年生の学級活動の時間に，「在校生に向けてありがとうを伝えよう」をテーマとした活動を行っています。次の**会話文**は，勇貴《ゆうき》さんたち６年１組で，どのような方法で在校生（１～５年生）に「ありがとう」を伝えるか，相談している様子の一部です。

会話文

勇　貴：これから，在校生に「ありがとう」を伝える方法を話し合いたいと思います。

あやこ：わたしは，在校生のみんなに，手紙を書くのがよいと思います。在校生のみんなと過ごした思い出をふり返り，「ありがとう」の気持ちを文字で直接伝えることができると思うからです。

勇　貴：他に意見がある人はいますか。

健《けん》　人《と》：ぼくは，毎日のそうじでは手が行きとどかないところまで，校舎をきれいにするのがよいと思います。そう考える理由は，□です。

麻《あさ》　美《み》：わたしは，体育館で校歌を歌うときに，みんなから歌しが見えるようなものを作るのがよいと思います。

（　－　話し合いは続きます　－　）

⑴　**会話文**の中で健人さんが「毎日のそうじでは手が行きとどかないところまで，校舎をきれいにするのがよいと思います」と発言しています。健人さんになったつもりで，このように考える理由を**会話文**の□に当てはまるように書きましょう。

各クラスで話し合った結果，体育館で校歌を歌うときにみんなから見えるような校歌額《こうかがく》を，６年生全員で協力して作ることになりました。　　　（**図１**，**図２**は次のページにあります。）

校歌額の説明

・**図１**のように，５１２まいの木でできた部品と周りを囲う額《がく》の部分があります。

・**図２**は部品の１つを拡大したものです。部品のうち，文字の部分は，直方体の木材の表面に黒いペンキをぬった後，えんぴつで文字を下書きし，文字の周りの部分をほって作ります。

・組み立てた校歌額は体育館の右前のかべに設置します。
（※　額の部分は先に作成してあります）

図１「校歌額」の全体図

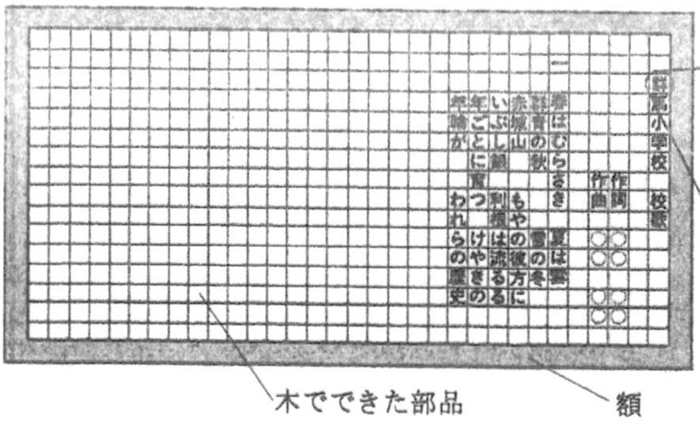

図２ 部品（拡大図）

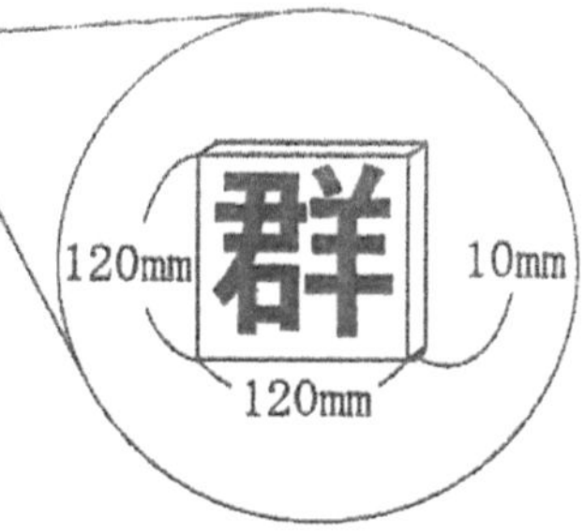

⑵　部品は右の**図３**のような，たて60㎝，横40㎝，厚さ１㎝の木の板から，ノコギリで切り出して作ることになりました。５１２まいの部品を切り出すためには，**図３**の大きさの木の板を，最低何まい購入《こうにゅう》すればよいか書きましょう。ただし，ノコギリの歯の厚みは考えないこととします。

図３

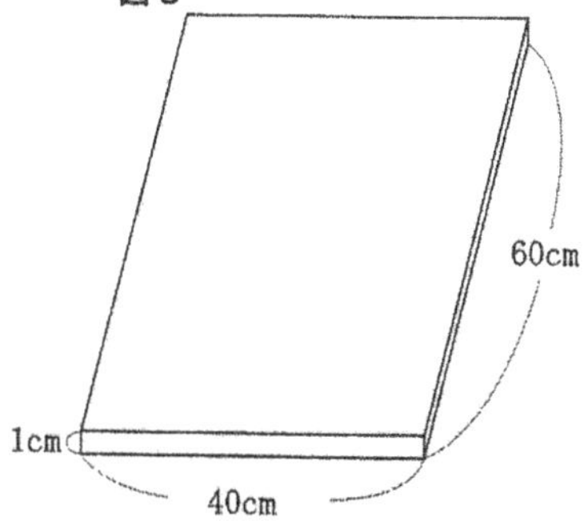

⑶　勇貴さんたちは，校歌額の文字が見やすいものになるように，文字をほる部品の作成を始める前に，話し合いをしています。次の**会話文**はその様子の一部です。

会話文

勇　貴：作業を行う前に，どんなことを決めておくとよいかな。
麻　美：まずは，誰《だれ》がどの文字を作るのか決める必要があるね。
あやこ：そうだね。見やすい校歌額にするためには，担当《たんとう》することになった文字の下書きを始める前に，文字の［　　　　］を決めておいた方がよさそうだね。
健　人：そうだね。そのほうが，統一感があって見やすい校歌額ができるね。
勇　貴：先にいくつかの文字の見本を作っておいて，見本を参考に作業してもらうのはどうかな。
麻　美：それはいいアイデアだね。

①　見やすい校歌額ができるように，どのようなことを決めておく必要がありますか。**会話文**の［　　］に当てはまる言葉を書きましょう。
②　次のページの**図４**は，ちょうこく刀を使って，文字の周りをほる作業をしている様子です。**図４**を見て，安全に作業するためにどのようなことに気をつける必要がありますか。２つ考えて書きましょう。

図４

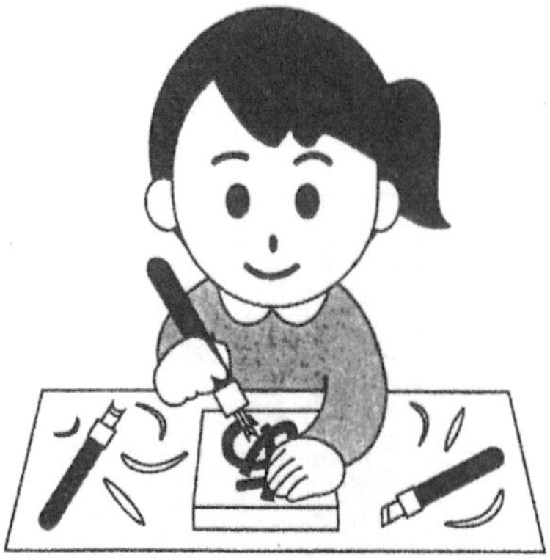

校歌額を組み立てる前に，すべての部品（５１２まい）にハケを使ってニスをぬります。勇貴さんたちは，新品のニスのボトル１本とハケを準備し，ニスをぬり始めました。しかし，すべての部品にニスをぬるには，ボトル１本のニスの量では足りないことに途中《とちゅう》で気がつきました。

③　このとき，あなたなら，すべての部品をぬるために必要なニスの本数をどのように求めますか。考え方を説明しましょう。ただし，１まいの部品をぬるために必要なニスの量はすべて同じとします。また，ニスのボトルはすべて同じものとします。

(4)　完成した校歌額を体育館のかべに設置した後，勇貴さんは全校集会で，６年生の代表として，「ありがとう」の気持ちを伝えるためのスピーチをすることになりました。校歌額の作成過程の紹介《しょうかい》もふくめ，次の**スピーチのげんこう**の □ に当てはまる文章を，勇貴さんになったつもりで，100字以上120字以内で書きましょう。

スピーチのげんこう

みなさん，こんにちは。
わたしたち６年生は，

□

これからも群馬小学校の校歌を大切にしていってほしいと思います。

（おわり）

生まれたばかりの子どもにとって、世界は異質《いしつ》なものに溢《あふ》れています。もともと知り得ていたものなど何もないので、あるがままの世界が発する声にただ耳を澄《す》ますしかありません。目の前に覆《おお》いかぶさってくる光の洪水《こうずい》に身をまかせるしかないのです。そういった意味で、子どもたちは究極の旅人であり冒険者だといえるでしょう。歳《とし》をとりながら、さまざまなものとの出会いを繰《く》り返すことによって、人は世界と親しくなっていきます。やがて、世界の声は消え、光の洪水は無色透明《むしょくとうめい》の空気みたいになって、何も感じなくなっていくのでしょう。それは決して苦しいことではありませんから、世界との出会いを求めることもなくなり、異質なものを避《さ》けて五感を閉《と》じていくのかもしれません。そうして世界がすでに自分の知っている世界になってしまったとき、あるがままの無限の世界は姿《すがた》を変えて、ひどく小さなものになってしまいます。そのことを否定《ひてい》するつもりはまったくありませんし、自分もそうならないとは限りませんが、不断《ふだん》の冒険によって最後の最後まで旅を続けようと努力したいとぼくは思うのです。

③現実に何を体験するか、どこに行くかということはさして重要なことではないのです。

《中略》

旅をすることで世界を経験し、想像力の強度を高め、自分自身を未来へと常に投げ出しながら、ようやく近づいてきた新しい世界をぼくはなんとか受け入れていきたいと思っていました。そうすれば、さまざまな境界線をすり抜《ぬ》けて、世界のなかにいる④たった一人の「ぼく」として生きていける気がするからです。

いままでに出会ったいくつもの世界や、たくさんの人の顔、なによりも大切な人の笑顔《えがお》を思い描《えが》き、ともに過ごしたかけがえのない時間について心のなかでくり返し問いつづけながら、いま生きているという冒険にふたたび飛び込《こ》んでいくことしか、ぼくにはできないのです。

家の玄関《げんかん》を出て見上げた先にある曇《くも》った空こそがすべての空であり、家から駅に向かう途中《とちゅう》に感じるかすかな風のなかに、もしかしたら世界のすべてが、そして未知の世界にいたる通路が、かくされているのかもしれません。

（石川直樹『いま生きているという冒険』より）

【注】＊辺境…中央から遠く離《はな》れた場所。
＊逸脱…外れること。
＊異邦人…見知らぬ人。
＊不断…とだえないで続くこと。

問三　文章B 中に、傍線部③「現実に何を体験するか、どこに行くかということはさして重要なことではないのです」とありますが、冒険や旅について筆者がこのように考えたのはなぜでしょうか。本文の内容をふまえ、その理由を考えて書きなさい。

問四　文章B 中に、傍線部④「たった一人の『ぼく』」とありますが、文章A ではコペル君が「一分子」であると言っていました。この二つを大切にして、ひとりの人間として成長していくためには、何が必要だと思いますか。二つの文章をふまえ、説明しなさい。

ながり合っているという事実があることを発見する。コペル君はそれを「人間分子の関係、網目《あみめ》の法則」と名づける。

しかし、コペル君が社会人としての目覚めを獲得《かくとく》していく過程には、自分が多くの人の中の一分子だと感じるだけでなく、もう一つ、大事な経験を経なければならなかった。

それは②人と人との、あるいは社会的な出来事と自分との関係に気づく人間らしい想像力を持てるかどうかということである。

（暉峻淑子『社会人の生き方』より）

【注】＊維持…物事をそのままの状態で保ち続けること。
＊覆す…ひっくり返すこと。
＊分子…ものを構成する小さな粒《つぶ》のこと。
＊獲得…手に入れること。得ること。

問一 文章A 中に、傍線部《ぼうせんぶ》①「コペル君の新発見とは一体何だったのだろう」とありますが、コペル君の新発見とはどのようなことですか。本文から読み取り、120字以内で説明しなさい。

問二 文章A の傍線部②「人と人との、あるいは社会的な出来事と自分との関係」について、具体的にあなたが考えたことを、本文の内容をふまえ200字以内で書きなさい。

文章B

筆者は、これまで世界中を旅するなかで、気球やカヌーに乗ったり、北極や南極を訪《おとず》れたり、と様々な経験をしてきた。

これまでは自分が実際に歩んできた道のりを書いてきました。こうして振《ふ》り返ってみると、たしかに多くの人が行かないような場所や、体験しえないような行為《こうい》をしてきたのかもしれません。このような経験によって、ぼくは世間から「冒険家《ぼうけんか》」などと呼《よ》ばれることもあります。

しかし、辺境《へんきょう》の地へ行くことや危険《きけん》を冒《おか》して旅することが、果たして本当の冒険なのでしょうか？ そもそも「冒険」や「旅」には、いったいどんな意味があるのでしょう？ あることをきっかけに、ぼくはよりいっそうそんなふうに考えるようになりました。

観光旅行に行くことと旅に出ることは違《ちが》います。観光旅行はガイドブックに紹介《しょうかい》された場所や多くの人が何度も見聞きした場所を訪《たず》ねることです。そこには実際に見たり触《ふ》れたりする喜びはあるかもしれませんが、あらかじめ知り得ていた情報を大きく逸脱《いつだつ》することはありません。一方、旅に出るというのは、未知の場所に足を踏《ふ》み入《い》れることです。知っている範囲《はんい》を超《こ》えて、勇気を持って新しい場所へ向かうことです。それは、肉体的、空間的な意味あいだけではなく、精神的な部分も含《ふく》まれます。むしろ、精神的な意味あいのほうが強いといってもいいでしょう。

人を好きになることや新しい友だちを作ること、はじめて一人暮《ぐ》らしをしたり、会社を立ち上げたり、いつもと違う道を通って家に帰ることだって旅の一部だと思うのです。実際に見知らぬ土地を歩いてみるとわかりますが、旅先では孤独《こどく》を感じたり、不安や心配がつきまといます。旅人は常に少数派《しょうすうは》で、異邦人《いほうじん》で、自分の世界と他者の世界のはざまにあって、さまざまな状況《じょうきょう》で問いをつきつけられることになります。多かれ少なかれ、世界中のすべての人は旅をしてきたといえるし、生きることはすなわちそういった冒険の連続ではないでしょうか。

【適性検査Ⅱ】（四五分）

問題　次の 文章A 、文章B を読み、問一～四に答えなさい。

文章A

私《わたし》自身を振《ふ》り返ってみると、社会を意識したのは小学校を終わるころから中学に進学するころではなかったかと思う。**《中略》**

思いだすのは、中学生のコペル君が登場する吉野《よしの》源三郎《げんざぶろう》『君たちはどう生きるか』（岩波文庫）という本のことだ。この本は岩波書店の出版物の中でも、今もって絶えることのない人気を維持《いじ》しているという。

コペル君とは彼《かれ》のおじさんが命名したあだ名で、主人公の本田純一《じゅんいち》君がコペルニクス的発見をしたことから名づけられた。

①コペル君の新発見とは一体何だったのだろう。

ある日コペル君はビルの屋上から、周囲を見ているうちに、路上を行き来する人や、周りのビルの窓《まど》の中にいて、コペル君を見ているかもしれない多くの人の中の一人が、自分であるという不思議な感覚にとらわれる。

コペルニクスは周知のように一五四三年五月二三日、革命的《かくめいてき》出版といわれる「天球回転論《ろん》」によって、天動説から地動説へと、当時の社会的常識を覆《くつがえ》した天文学者である。人びとは当時、地球を中心として太陽や星が地球の周りを回っていると、目でみたままを信じていたし、自分が立っている大地が動いてぃると想像することさえできなかった。キリスト教の教会も地球が宇宙《うちゅう》の中心であると教えていた。

人間というものはいつでも自分を中心としてものを見たり考えたりする性質を持っているため、子どものうちは、どんな人でも、地動説ではなく天動説のような考え方をしている。それが大人になると、多かれ少なかれ地動説のような考えになってくる。広い世間というものが考えの初めにまずあって、その上でいろいろなことや、人を理解していく。しかし自分に都合のいいことだけを見ようとする自分中心の考え方は、世の中とか人生とかを考える時もやっぱり、ついて回っているのだ。

自分たちの地球が宇宙の中心だという考えにかじりついていた間、人間には宇宙の本当のことがわからなかった。それと同様に、自分ばかりを中心にして、物事を判断していくと世の中の本当のことを、ついに知ることができないでしまう。

「「人間て、ほんとに分子《ぶんし》みたいなものだね。」……君の感じたとおり、一人一人の人間はみんな、広いこの世の中の一分子なのだ。みんなが集まって世の中を作っているのだし、みんな世の中の波に動かされて生きているんだ。……広い世の中の一分子として自分を見たということは、決して小さな発見ではない。……」

これがおじさんのコペル君命名の理由である。

この文章を読んだ時の感動を私は今もはっきり覚えている。それはちょうどコペル君と同じ年頃《としごろ》だった私が、同じように社会の存在《そんざい》を感じ始めていたからだろう。

コペル君は、やがて、分子のような存在であるそれぞれの人間が、ただ、ばらばらの分子として生きているのではなく、目に見えない多くの人とつながり合って、この社会が成り立っていることに気がつく。日常で使っているどんな品物も誰《だれ》かによって作られ、誰かによって運ばれてきたもので、その品物の背後《はいご》には目に見えない何百何千人の人が働きつ

二〇二一年度
市立太田中学校入試問題

【作　文】（四五分）

【問題】 次の詩を読んで、【課題1】、【課題2】について、自分の考えを書きましょう。

《注意》解答用紙には、題名を書かずに文章から書き始めること。

友達

ビートたけし

困った時、助けてくれたり
自分の事のように心配して
相談に乗ってくれる
そんな友人が欲《ほ》しい

馬鹿野郎《ばかやろう》
友達が欲《ほ》しかったら
困った時助けてやり
相談に乗り
心配してやることだ
そして相手に何も期待しない事
これが友達を作る秘訣《ひけつ》だ

出典「中学生に贈りたい心の詩40」水内喜久雄編（PHP研究所）

【課題1】 詩の中の――線部の作者の考えについて、あなたはどう思いますか。「賛成」、「反対」、「どちらとも言えない」などの立場を明らかにして、理由もふくめて三百字以内で書きましょう。

【課題2】 太田中学校に入学して新しい友達と出会ったときに、あなたはどのような友達になりたいですか。あなたの経験をふまえて、三百字以内で書きましょう。

2021 年 度

解 答 と 解 説

＜適性検査Ⅰ解答例＞

【問題１】 ⑴　それぞれの寺についてもっとよく調べて，もう一度話し合って決めたらどうかな。

⑵　**ア**　10時35分

イ　６

ウ　つつじ寺に着くのが11時30分を過ぎてしまうから選べないことが分かったよ。

エ　13時45分

⑶　ショッピングモールのかん板やかべを神社のふん囲気に合った落ち着いた色にする。

【問題２】 ⑴　ふだんそうじができないところまで校舎をきれいにして，在校生がこれからも気持ちよく校舎を使えるようにすることで，「ありがとう」の気持ちが伝わると思うから

⑵　35(まい)

⑶　①　大きさ

②　使っていないちょうこく刀を出したままにしない。

ちょうこく刀の前に手を置かない。

③　ボトル１本分のニスでぬることができた部品のまい数を数え，512まいをそのまい数でわり，あまりがない場合は商の本数を準備し，あまりがある場合は，商に１を加えた本数を準備する。

⑷　みんなで歌った群馬小学校の校歌の校歌額をおくることで，在校生のみなさんにありがとうの気持ちを伝えたいと思いました。この校歌額は，６年生全員で分たんして作業し，歌しの部分をひとつずつちょうこく刀でほってから，ニスをぬって作りました。

＜適性検査Ⅰ解説＞

基本 **【問題１】**（**総合問題：条件作文，表の読み取り**）

⑴　弘樹《ひろき》さんの発言を受けて，良江《よしえ》さんはインターネットを使って，それぞれの寺のホームページを見ることを提案しているので，弘樹さんはそれぞれの寺のことをみんなで調べて，話し合って決めることを提案したと考えられる。

⑵　**ア**　**資料３**を見ると，Ｂ寺から歴史資料館行きのバスは10時5分発の次は35分発になっている。　**イ**　１つ目の見学先の選び方は３通り，２つ目の見学先の選び方は２通り，３つ目の見学先の選び方は残る１通りなので，３つの見学先をめぐるコースの組み合わせは６通り考えら

れる。　**ウ**　B寺→さくら神社→つつじ寺のコースだと，さくら神社の見学が終わるのが10時55分でつつじ寺行きのバスが出発するのが11時5分，さくら神社からつつじ寺までは30分かかるので，つつじ寺に到着《とうちゃく》するのは11時35分になり，11時30分までに入場することができなくなってしまう。　**エ**　歴史資料館行きの10時５分発のバスに15分間乗り，20分間の見学を終えた後，つつじ寺行きの10時45分発のバスに30分間乗ると，11時15分に到着し，つつじ寺の入場時間に間に合う。そこでまた20分の見学を終えて，さくら神社行きの11時40分発のバスに30分間乗る。さくら神社に着くのは12時10分で，見学時間の30分と昼食時間の40分を合わせて70分とると13時20分となり，C寺行きの13時30分発のバスに乗ることができる。

⑶　神社のふん囲気をこわしてしまうのは何かを考える。ショッピングモールの派手《はで》なかん板やかべは，神社の落ち着いたふん囲気にそぐわない。

【問題２】（総合問題：計算，ちょうこく刀，条件作文）

⑴　在校生はこれからも毎日校舎を利用するので，日ごろのそうじでは行きとどかないところをきれいにすることで，感謝の気持ちが伝わると考える。

⑵　**図２**の部品は一辺が120mm，すなわち12cmである。**図３**の木の板はたて60cm，横40cmであるので，たて方向には60÷12＝5より５まい，横方向には40÷12＝3あまり4より３まい切り出すことができる。よって木の板１まいからは3×5＝15(まい)切り出せる。

512÷15＝34.1333…

よって，すべての部品を切り出すためには最低35まいの板が必要である。

⑶　①　校歌額《こうかがく》の字は複数人で分担してほるので，その文字の大きさは統一しておいたほうがよいと考えられる。

②　使い終わったちょうこく刀は必ずすぐに片付ける。また，ちょうこく刀が進む方向に手を置いておくとけがをしやすいので，ちょうこく刀を持っていないほうの手の位置に気をつける。

③　ボトル１本分のニスで部品が何まい塗れるのかを考えて，そのまい数で全体のまい数をわれば，必要なボトルの本数がわかる。わり切れる場合もあればわり切れない場合もあるので注意が必要。

⑷　６年生を代表して，在校生への感謝の気持ちと校歌額の作成過程《かてい》の紹介《しょうかい》を100字以上120字以内でまとめる。校歌額を作るのに何を使ったか，どのような分担をしたのかなどにふれられるとよい。

★ワンポイントアドバイス★

会話文や資料から情報を読み取って答える問題が多い。複雑な計算は少ないが，計算の仕方や考え方を問われることもあり，簡潔《かんけつ》な言葉でまとめる練習が必要。ほかにも，ちょうこく刀の使い方など基本的な知識も問われるので要注意。

＜適性検査Ⅱ解答例＞《学校からの解答例の発表はありません》

【問題】　問一　社会に目を向けたとき，その中心は自分ではなく，一人一人の人間がみんな多くの人の中の一分子のような存在であり，ばらばらの分子として生きているのではなく，目に見えない多くの人とつながり合って網目のような社会を作っているのだということ。

問二　日常にあるどんなものも，その背後には目に見えない多くの人が関わりつながり合っていて，その人たちをただの分子だと考えることと，顔や感情をもつ一人一人の人間だと考えることは大きく違うと思います。他人や社会的な出来事と自分との関係を考えるときに，そこに関わる人間の表情や感情を思い浮かべられなければ，「人間らしいつながり」ではなくなってしまうため，そのような想像力が私たちには必要なのではないかと思います。

問三　「冒険」や「旅」とは，行ったことのない場所へ足を踏み入れることだけではなく，新しい友達を作ったり，はじめて一人暮らしをしたりして，さまざまなものとの出会いを繰り返すという目的がふくまれている。それは，自分の知っている範囲を超えて，勇気を持って新しい場所へ向かうことであるであると筆者は考えており，それらを通して，自分自身を問いつづけながら生きることが大切だから。

問四　自分は世界の中の一分子であり，たくさんの人間や社会的な出来事とのつながりの中に存在していることを理解したうえで，「冒険」や「旅」を続けていくこと。また，その中で出会ったいくつもの世界やたくさんの人の顔，ともに過ごした時間といった，他人や社会的な出来事と自分とのつながりについて，心の中で繰り返し問い続けることが必要だと考える。

＜適性検査Ⅱ解説＞

基本　**【問題】（国語：文章読解，条件作文）**

問一　第12段落の部分から，コペル君は世の中の中心が自分ではないということを理解したうえで，人間はみんな，世の中の一分子であり，多くの人とつながり合っていることで社会が成り立っているということを発見したという内容が読み取れる。「人間分子の関係，網目《あみめ》の法則」とは何かを，文章中の表現を用いながら説明する。

問二　人と人がどのように関係し合っているのか，社会的な出来事と自分はどのようにつながり合っているのかについて，自分の今までの経験や感じたことをふまえながら，具体的に自分の意見を述べる。

問三　筆者が「冒険」や「旅」において「現実に何を体験するか，どこに行くかということ」ではなく，何が重要だと考えているのかを文章中から探す。第三段落で筆者は旅に出るということには精神的な意味あいがふくまれていると述べており，具体的には「知っている範囲を超え」て，「新しい場所へ向かうこと」だと考えている。この部分から，新しい人や場所との出会いを繰り返すことが，精神的な面で「冒険」や「旅」には重要だということがわかる。

問四　自分が世界の中のたった一人の「ぼく」であるということと，また自分が世界の中の「一分子」であるということの二つをふまえて，人間として成長するために必要なものは何かを自分で考えて説明する。

★ワンポイントアドバイス★

問題に答えるにあたって，文章中のどの部分が根拠になるのかを考えながら，文章を読むことが大切。説明をする問題なのか，理由を書く問題なのか，自分の考えを書く問題なのかを見きわめて，問題文をよく読み自分の答え方があっているのかをしっかり確認しよう。

＜市立太田中学校　作文解答例＞《学校からの解答例の発表はありません》

【課題１】 私はこの意見に賛成だ。なぜなら，自分と友達はどんなに仲良くなっても全くちがう人間だからである。ちがう人間であれば，当然考え方もちがう。自分の考えで相手のこれからの行動を想像してしまうと，相手が自分の考えとちがう行動をとったときに，いかりを感じてしまうことがある。それがきっかけでけんかになり，友達とうまくいかなくなってしまうかもしれない。自分が相手に優しくしても，相手がいやな気持ちになることは少ないかもしれないが，自分にも優しくしてくれるかはわからない。自分がしてあげた優しさ以上に，相手が自分に優しくしてくれるかもしれない。だから，期待せず，相手のことを思いやって行動していくべきだと考える。

【課題２】 私は太田中学校に入学して新しい友達と出会ったとき，だれにでも自分から話しかけることができる友達になりたいと思う。私は人見知りで，授業中ペアを作る時や休み時間もだれかに話しかけられるのを待っているような性格だった。そんな私にみんなと同じようにあいさつをし，話しかけてくれる友達がいた。その友達は私だけではなく，クラス全員に積極的に声をかけているからこそ，クラスメイトからもいつも話しかけられていたのだと思った。相手が話しかけてくれるのを期待するのではなく，自分から声をかけることで，相手と話しやすいふん囲気を作っていきたい。相手の行動を期待して待つのではなく，自分から行動していける友達になりたい。

＜市立太田中学校　作文解説＞

基本 **【課題１】**（国語：条件作文）

筆者の考えについて，賛成か反対か，またはどちらでもないかを明らかにする条件作文なので，賛成だったらどのような意見が考えられるか，反対だったらどのような意見が考えられるかについて，思いつくものを書き出す。字数制限内でどちらが書きやすいかを考え，最初の文で自分の意見を明確にする。理由を明確に述べた後，最後にもう一度自分の意見をまとめられるとよい。

【課題２】（国語：作文）

友達に関連する作文なので，**課題１**で述べた自分の考えと詩を参考にして，課題１で賛成と述べたのであれば何も期待しないというようなことにふれる，反対と述べたのであれば友達に期待するというようなことにふれる文章を組み立てていくとよい。自分の考えを明確にしてから，自分がそう感じた経験を思い出し，述べていければよい。課題１とは文章の作り方がちがうことに注意する。

★ワンポイントアドバイス★

筆者の考えに対して自分の考えを述べるのか，自分の経験をふまえて題材に対して考えを述べるのか，求められていることを明確に答える。どちらも，簡潔かつ明確に自分の考えが伝えられるようにまとめる。

MEMO

大切なことはメモしておこうネ！

2020年度

★★★★★★★★★★★★★★★★★★★★★★★★

入　試　問　題

2020年度

群馬県公立中等教育学校・中学校入試問題

【適性検査Ⅰ】（45分）

【問題１】 次の文章を読んで，⑴から⑷の問いに答えましょう。**答えは，解答用紙（２枚中の１）に記入しましょう。**

孝夫《たかお》さんたち６年１組の学級目標の１つは，「みんなで運動やスポーツに親しもう」です。10月の体育の日を前にしたある日，孝夫さんたちクラスの体育委員は，次の２つの**質問**についてアンケートを行いました。**表**は，アンケート結果を分かりやすくするために，まとめたものです。

質問

〔質問１〕 運動やスポーツをすることが得意ですか。
〔質問２〕 クラスの人たちと運動やスポーツをすることが楽しいですか。

表

（単位：人）

		〔質問２〕クラスの人たちと運動やスポーツをすることが楽しいですか。			
		楽しい	やや楽しい	あまり楽しくない	楽しくない
〔質問１〕運動やスポーツをすることが得意ですか。	得意	１４	4	0	0
	やや得意	3	4	1	1
	やや不得意	0	1	2	1
	不得意	0	0	2	2

⑴ 孝夫さんたち体育委員は，**表**を見ながら，次のような**話し合い**をしました。

話し合い

孝　夫：**表**から，どのようなことが分かるのかな。
幸《さち》　子《こ》：たとえば，〔質問１〕で「得意」と答えた人は，18人いることが分かるね。そのうち，〔質問２〕で「楽しい」と答えた人は，14人いることが分かるよ。
広《ひろ》　志《し》：それなら，〔質問１〕で，「得意」または「やや得意」と答えた人のうち，〔質問２〕で，「楽しい」または「やや楽しい」と答えた人は，合わせて［ア］人いることが分かるね。今回のアンケートでは，よい結果が出たと言えるのではないかな。
みさき：わたしは，少し違《ちが》う見方もできると思うな。〔質問１〕で，「やや不得意」または「不得意」と答えた人のうち，〔質問２〕で，「あまり楽しくない」または「楽しくない」と答えた人は，７人いて，クラス全体の［イ］％いることが分かるよ。
幸　子：運動やスポーツの「得意」，「不得意」にかかわらず，クラスの人たちと運動やスポーツをすることが「楽しい」と思う人が，増えてほしいね。
孝　夫：そのような企《き》画が何かできないか，先生に相談してみようよ。

表をもとに，**話し合い**の［ア］，［イ］に当てはまる数字を，それぞれ書きましょう。

⑵　孝夫さんたちのクラスでは，先生と相談した結果，学級活動の時間に，「みんなで楽しもう！バスケットボール」というレクリエーションを行うことになり，孝夫さんは，レクリエーション係の代表になりました。

孝夫さんたちが，計画を考えているときに，先生が次のような話をしてくれました。

「１学期の体育の授業で，バスケットボールを行った後にみんなに書いてもらった感想の中で，気になるものがありました。それらも参考にして，バスケットボールが，得意な人も不得意な人も楽しめるレクリエーションにできるとよいですね。」

先生の話を聞いた後，孝夫さんたちは，感想を読む中で，特に気になったものと，それに対して出た係員の意見を，**ノート**にまとめました。

ノート

感想A	バスケットボールは不得意なので，あまり得点できず，楽しくなかった。
意　見	勇《ゆう》　太《た》「レクリエーション当日にシュートが決められるように，練習を増やそうよ。」 陽《よう》　子《こ》「不得意な人も楽しめるように，チーム分けや試合のルールを工夫してみようよ。」
感想B	同じチームの人から，「ちゃんとシュートを決めてくれないと勝てないじゃないか。」と言われ，いやな気持ちになった。
意　見	太《た》　郎《ろう》「やるからには勝ちたいから，ついこういう言葉が出てしまうよね。」 幸　子「不得意な人がいやな気持ちにならないためには，どうすればよいかな。」

①　感想Aに対して，陽子さんは「不得意な人も楽しめるように，チーム分けや試合のルールを工夫してみようよ。」と言っています。それぞれどのような工夫が考えられますか。あなたの考えを書きましょう。

②　孝夫さんは，レクリエーション当日に，係代表のあいさつである「はじめの言葉」を担《たん》当することになりました。孝夫さんは，感想Bに対する，太郎さんや幸子さんの意見を聞いて，どのようなことを話したらよいか考えました。孝夫さんになったつもりで，**原こう**の □ に当てはまる文章を，60字以上80字以内で書きましょう。

原こう

みなさん，こんにちは。今日は，待ちに待ったレクリエーションの日です。

□

これで，「はじめの言葉」を終わりにします。

⑶　孝夫さんたちは，レクリエーション当日の試合時間を決めることにしました。次のページの**条件**に従《したが》って試合を行うとき，１試合何分で行えばよいでしょうか。また，そのように考えた理由を，言葉や数字を使って書きましょう。

条件

・レクリエーションの時間は，45分とする。
・チーム数は，4チームとする。
・すべてのチームが，他のすべてのチームと1試合ずつ対戦する。
・コートは体育館内に2つ作る。
・試合と試合の間の時間を，6分とる。
・「はじめの言葉」，「終わりの言葉」の時間を，それぞれ1分ずつとる。
・準備運動と整理運動の時間を，それぞれ5分ずつとる。
・その他の時間は，考えないものとする。

⑷　レクリエーションが終わった後，孝夫さんのクラスでは，次のような**話し合い**をしました。

話し合い

幸　子：今回のレクリエーションは，とても楽しかったね。応援《えん》もしっかりできていたね。わたしも，応援してもらって，がんばることができたよ。
広　志：みんなで一生懸《けん》命練習をしたから，バスケットボールが不得意だった人が，シュートを決めたとき，ぼくもとてもうれしい気持ちになったよ。
勇　太：ぼくは，バスケットボールが不得意な人にも，受けやすいようにパスをしたよ。
みさき：わたしは，これまで，みんなと一緒《いっしょ》に体を動かすことはあまり楽しくないと思っていたけれど，今回のレクリエーションで，考え方が変わったよ。
孝　夫：みんなの話を聞いていて，ぼくは，改めて，みんなと運動やスポーツをすることの良さに気づいたよ。みんなと運動やスポーツをすれば，
陽　子：みんなと運動やスポーツをする楽しさや良さを，伝えていきたいね。

孝夫さんが，「みんなの話を聞いていて，ぼくは，改めて，みんなと運動やスポーツをすることの良さに気づいたよ。」と言っています。どのような良さが考えられますか。孝夫さんになったつもりで，□に80字以上100字以内で書きましょう。

【問題２】　次の文章を読んで，⑴から⑷の問いに答えましょう。**答えは，解答用紙（２枚中の２）に記入しましょう。**

ゆうきさんたちのクラスでは，総合的な学習の時間に，「日常生活から環《かん》境を考える」を課題とした学習をしています。ゆうきさんたちの班《はん》では，「飲料容器の昔と今」について，調べることにしました。

⑴　ゆうきさんたちは，飲料の中でも普段《ふだん》飲むことが多いオレンジジュースなどの果実飲料の容器について調べる中で，次のページの**資料**を見つけました。この**資料**を見ながら，同じ班の人たちと**話し合い**をしました。

資料

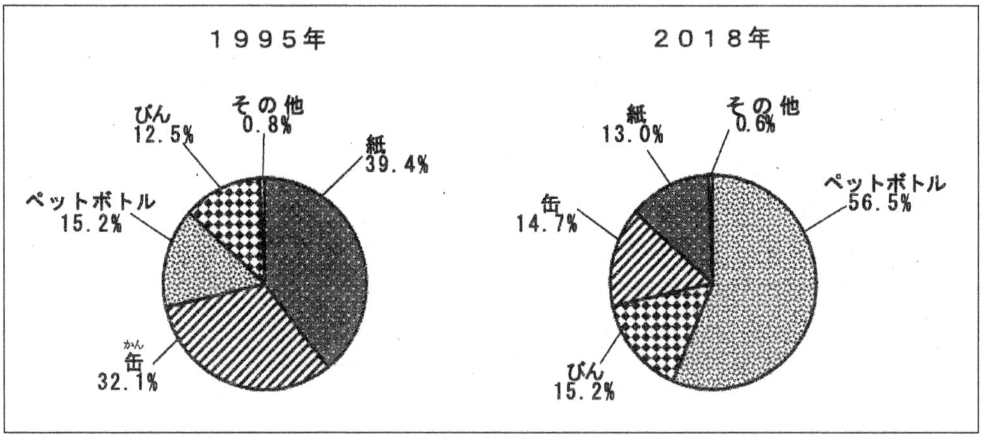

（一般《いっぱん》社団法人全国清涼《りょう》飲料連合会「2019年版清涼飲料水関係統計資料」により作成）

話し合い

友《とも》子《こ》：この**資料**には，題名がなかったのだけれど，何を表しているのかな。

ゆうき：［　ア　］についての割《わり》合を，1995年と2018年で，それぞれ表しているのだと思うよ。

健《けん》太《た》：1995年と2018年を比べて，最も大きな変化と言えるのは，どのようなことかな。

ゆうき：［　イ　］ということじゃないかな。

みずき：他にもいろいろな変化が見られるね。「飲料容器の昔と今」について，もっと調べてみようよ。

資料をもとに，**話し合い**の［ア］，［イ］に当てはまる言葉を，それぞれ考えて書きましょう。

(2) ゆうきさんと友子さんは，ペットボトルについて調べ，調べたことを，**メモ**や**資料**にまとめました。

メモ

・ペットボトル本体，ラベル，キャップは，それぞれ違う種類のプラスチックでできている。
・現在，プラスチックごみが大きな問題となっている。

資料

ペットボトルの販《はん》売量，回収《しゅう》量，回収率

	２００５年	２００９年	２０１３年	２０１７年
販売量	５３万トン	５６万５千トン	５７万９千トン	５８万７千トン
回収量	３２万７千トン	４３万７千トン	５２万９千トン	５４万１千トン
回収率	６１．７％	７７．３％	９１．４％	９２．２％

（ＰＥＴ《ペット》ボトルリサイクル推《すい》進協議会ホームページにより作成。しょうゆ，酒などの容器をふくむ）

① ゆうきさんは，ペットボトルについて調べる中で，ペットボトルに付いているラベルには，ミシン目が入っているなど，はがしやすくなっているものがあることに気づきました。その理由について，書きましょう。

② 友子さんは，**資料**をまとめる中で，2005年から2017年にかけて回収率が上がっていることに気づきました。しかし，販売量と回収量の差を考えると，今後さらに回収量を増やしていく必要があると考えました。

友子さんが，今後さらに回収量を増やしていく必要があると考えた理由について，**メモ**や**資料**の言葉や数字を使って，60字以上80字以内で書きましょう。

⑶ 健太さんとみずきさんは，アルミ缶について調べたところ，次の**資料１～３**を見つけました。

資料１　環境への負担を減らす取り組み（ある製造会社のホームページより）

わたしたちは，環境のことを考えて，軽量化されたアルミ缶の開発に取り組んでいます。これからも，製造技術の向上につとめていきます。

資料２　消費されたアルミ缶数の変化

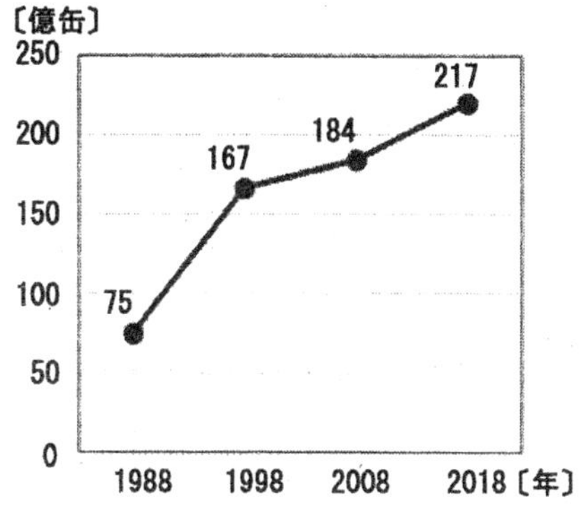

資料３　消費されたアルミ缶の重量の変化

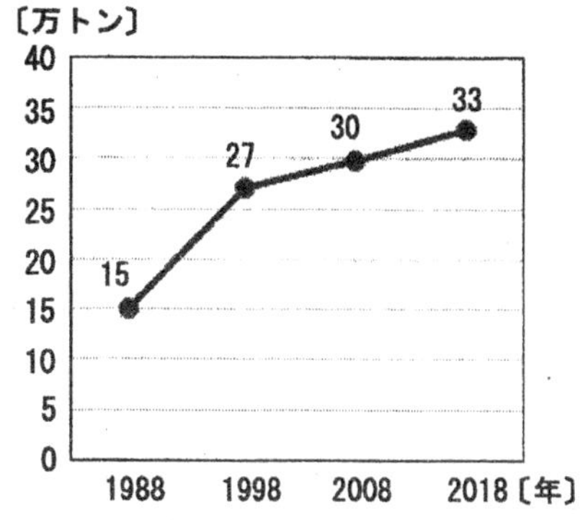

（資料２・資料３は，アルミ缶リサイクル協会ホームページ/環境省ホームページにより作成）

みずきさんは，2018年のアルミ缶１缶当たりの重さは，1988年と比べて，何グラム軽くなったか，計算したいと考えました。以下は，みずきさんが行った**計算の手順**です。みずきさんになったつもりで考えて，［ア］に当てはまる文章と，［イ］に当てはまる数字を書きましょう。

計算の手順

手順１　1988年と2018年それぞれについて，消費されたアルミ缶の重量の単位を，トンからグラムになおす。

手順２　①［　　ア　　］

②2018年のアルミ缶１缶当たりの重さについては，四捨《しゃ》五入して，一の位までのがい数にする。

手順３　1988年のアルミ缶１缶当たりの重さから，2018年のアルミ缶１缶当たりの重さを引くと，答えは，［イ］グラムとなる。

(4)　ゆうきさんたちは，これまでに班で調べたことをまとめ，発表するために，次のような**話し合い**をしました。

話し合い

友　子：ペットボトルについて調べた結果，回収率が上がっていることが分かったね。環境のことを考えると，これから，もっと上がるといいよね。

みずき：アルミ缶についても調べたけれど，昔に比べて容器が軽くなっていることが分かったよ。

ゆうき：最近，**間ばつ材を使ってつくられた紙の容器**も見かけるようになったよね。

健　太：間ばつ材を使えば，□

友　子：製品をつくる側も，環境のことを考えているのだね。

みずき：そういえば，インターネットで，製品を「つくる責任」と「つかう責任」という言葉を目にしたことがあるよ。どのような意味かな。

ゆうき：製品を「つくる側」である生産者と，「つかう側」である消費者が，環境のことを考えて，互《たが》いに責任ある行動をとろうという意味ではないかな。

友　子：間ばつ材を使うことも，「つくる側」の責任ある行動の1つと言えるよね。

健　太：ぼくたちも，「つかう側」として責任ある行動をとることが大切だね。

ゆうき：そのために，日常生活でどのような工夫ができるかを，発表をとおして，クラスのみんなに伝えていこうよ。

①　□に当てはまる言葉を，健太さんになったつもりで，書きましょう。

②　ゆうきさんは，「そのために，日常生活でどのような工夫ができるかを，発表をとおして，クラスのみんなに伝えていこうよ。」と言っています。どのような工夫ができると考えられますか。ゆうきさんになったつもりで，80字以上100字以内で書きましょう。

間ばつ材を使ってつくられた紙の容器

に、その秋が終われば野球のない長い冬がやってくる。また半年近く野球ができない。

だからこそ焦る。春シーズンのあいだにもっと英語をしゃべれるようになってほしい。お友だちと会話できるようになってほしい。太郎の幸せそうな顔をもっともっと見ていたい、と。

（小国綾子『アメリカの少年野球こんなに日本と違《ちが》ってた』より）

【注】＊極端に…なみはずれて。
＊物心ついた…世の中のことがなんとなくわかりはじめた。

問一　文章A 中に、傍線部《ぼうせんぶ》「どうして、そんな気持ちになったのか、自分でもうまく説明できない」とありますが、筆者は、涙ぐみそうになった理由をその後どのように考えましたか、書きなさい。

問二　文章B について、筆者が指摘《してき》する「聴くこと」のむずかしさを感じた、あなた自身の体験談を書きなさい。

問三　文章C の太郎との関わり方について、次の⑴、⑵に答えなさい。

⑴　あなたが太郎の親の立場だったら、太郎とどのように関わりますか。文章B をふまえて、自分の考えとその理由を書きなさい。

⑵　あなたが太郎のアメリカのクラスメートだったら、太郎とどのように関わりますか。文章A または 文章C をふまえて、自分の考えとその理由を書きなさい。ただし、あなたは英語が母国語で、日本語は話せないこととします。

問四　文章A ～ 文章C の三つの文章をふまえ、コミュニケーションについて、あなたが大切だと考えたことを書きなさい。

*意固地…意地を張ってがんこなこと。
*時系列に…ものごとが起こった順番通りに。　*緊迫…緊張《きんちょう》。
*誘い水を向ける…相手が話しやすいように仕向ける。
*閉塞…ふさぎこんだ気持ち。

文章C

野球が大好きな少年、太郎《たろう》は、父親の転勤《てんきん》でアメリカにやって来た。しかし、なかなかアメリカでの生活になじめず、英語も口にすることができないでいた。そんな太郎を、母親である「私《わたし》」は、心配しながら応援《おうえん》している。

野球シーズンが始まって2カ月が過ぎた。変わったこともあれば、変わらなかったこともある。

変わったことは、もう太郎が「このままずっと眠《ねむ》っていられたら」とか「明日なんて来なきゃいい」とか、そんな悲しいことを言わなくなったこと。それだけで私は十分うれしかった。

それから英語を極端《きょくたん》に嫌《きら》うこともなくなった。学校で、太郎に親しげに話しかけてくれる少年がいることもわかってきた。彼、ラジャの両親はインド生まれで、彼自身はサウジアラビア生まれらしい。物心ついた頃《ころ》にはアメリカにいたラジャだが、それでも、アメリカにおける人種・民族分類でいけば、同じ「アジア人」だ。

学校で、ラジャと太郎がけらけら笑いながらじゃれているのを見たのもちょうどこの頃だ。いったいどんな会話をしているのかとこっそりと耳をすまして、胸《むね》を衝《つ》かれた。

Yes!
No!
Yes, Yes!
No, No!

なんと、イエスとノーだけで会話していた。頭をガツンとやられたくらい驚《おどろ》いた。いや、感動した。

外国に暮らしてみて、気づいたことがある。人には、言葉に頼《たよ》らないと人と関係を結べないタイプと言葉に頼らなくても人と関係を結べるタイプがいる。ラジャは間違《まちが》いなく後者だった。だから、言葉を使わずに太郎と楽しむことができたのだ。野球チームにも似たタイプの子がいた。エディという少年だ。少々やんちゃでボス風を吹《ふ》かせるが、ゲーム機、輪ゴム、風船ガム、野球カード……あらゆる小道具で、英語をしゃべらない太郎と自然と遊んでしまえる子だった。エディは同じ小学校の1学年上の少年だったので、昼休みに校庭で遊んでいる時など、「一緒《いっしょ》に遊ぼうぜ」と太郎を誘ってくれたりもしているようだった。

もちろん、変わらないこともいっぱいあった。太郎は相変わらず、野球のチームメートの前ではほとんど英語を口にしなかった。聞いてわかることにはうなずいたり、首を振《ふ》ったりするが、それだけ。ベンチでぽつねんと1人でいることも多い。

私と夫は焦《あせ》っていた。春シーズンは残すところあと3週間しかない。夏になれば野球はお休みなのだ。秋は、アメリカンフットボールをする子が多いので、ほとんどの野球チームが成り立たず、この地域《ちいき》では「練習はせず試合が週1回だけ」というプログラムしかないという。おまけ

文章B

直接かかわらないで、ただじっと見ている、あるいは何もしないでただ横にいるということが、ポジティヴな力になることがある。はじめての幼稚園《ようちえん》。母親にじっと見守られている、関心をもたれていることで、はじめてひとりで新しい仲間の輪のなかに入ってゆけたという思い出はだれにもあるだろう。見守るとともに、聴《き》くということにも、何もしないことが他人を深く支える、そういう力がある。じっさい、ひとは自分の落ち込んだ気持ちを、ひとに聴いてもらえると楽になる。他人に話したら、理解してもらえなくても、聴いてもらうだけでずいぶん楽になれる。

だれかにほんとうに聴いてもらいたくなるのは、鬱《ふさ》いでいるとき、でも自分でも何を訴《うった》えたいのかよくわからないときである。しかし聴くというのはなかなかにむずかしいことである。何か思いつめているときには、まず「言ったってわかるはずがない」と口が重くなるが、「ふん、ふん」とうなずかれると、「そんなにかんたんにわかられてたまるか」という反発が先に立つ。それが感染《かんせん》して、聴くほうも「わかるんだけどわかりたくない」と意固地《いこじ》にもなる。聴こうとするといやがるから、逆に鼻歌うたいながら用事でもしつつ聴くとはなしに聴く、くらいの感じではじめて口を開いてもらえるということもある。

しかし、聴くことがもっとむずかしいのは、聴いても言葉を返しようがないとあらかじめわかっているときである。

《中略》

が、それでもひたすら聴かねばならない。最後まで聴き切らねばならない。聴くだけ、言葉を受けとめるだけということが意味をもつのは、いったいどうしてか。

苦しみや鬱ぎのなかに溺《おぼ》れてしまっているひとが、それでもそれについて語るためには自分の苦しみや鬱ぎについて、どんなきっかけ、どんな経過でこんな苦しみや鬱ぎに襲《おそ》われることになったのか、その理由と考えられるものは何か、いまはどんな状態か、というふうに、苦しみや鬱ぎから身を引《ひ》き剥《は》がし、ことがらを時系列《じけいれつ》に並《なら》べ換《か》え、整理して語らねばならない。このように自分の苦しみや鬱ぎにある距離《きょり》をとり、それを対象化するなかで、それらとの関係が変わるということがここではとりわけ重要なのである。つまり、苦しみや鬱ぎを当初あったのとは別の地平へと移し変えるところに、他者を前におのれについて語ることの意味はある。語るということは、相手に回答をもらうということではない。見えない自分の姿《すがた》を映《うつ》すために、その鏡の役を相手にしてもらうことであるのだ。

が、鏡であるべき聴く者は、話の中身が重いし、しかも相手からなかなか言葉が漏《も》れてこないので、その緊迫《きんぱく》になかなか耐《た》えきれない。身を固くしてじりじりと待つだけで疲《つか》れはててしまう。そのうち待ちきれなくなって、「あなたが言いたいのはこういうことじゃないの?」と誘《さそ》い水《みず》を向ける。話すほうはその明快な語り口につい乗ってしまう。「わかってもらえた」、と。が、これはじつはもっともまずい聴き方なのだ。なぜなら、語ることの意味は、語ることによってみずからの閉塞《へいそく》から距離をとることにあるのに、そのチャンスを聴く側が横取りしてしまうからだ。これでは聴くことにならない。

（鷲田清一『わかりやすいはわかりにくい?』より）

【注】＊ポジティヴな…前向きな。
＊鬱いでいる…気持ちが晴れず暗くなっている。

り、また投げ返す、その時間の中に、コミュニケーションの回路ができてゆくのを楽しんでいるのだ。

　具体的な情報のやりとりとは、いわば互いを利用し合うことである。相手から役に立つ情報を引き出し、その対価として相手が必要とする自分の情報をさしだす。それは等価交換、いわゆるギブ・アンド・テイクである。

　けれども、「あいさつ」はそうではない。エジプトやアフリカの長いあいさつを聞いていて感じたのは、情報のやりとりよりも、互いが同じ場所と時間を共有していることをたしかめあうことのほうが、だいじらしいという思いだった。もちろん、そこには商売がらみのかけひきや腹《はら》の探《さぐ》りあいもあるだろう。それでも、直接の話題とは関係のない言葉のキャッチボールをくりかえすことで、なんともいえないまったりとした空間がそこに広がっていくのはほんとうだ。

　この話にはまだ先がある。あるとき、久しぶりに会ったアフリカに暮らす友人がこんなことをいった。「ここでは人がかんたんに死んでしまう。日本では考えられないようなほんの些細《ささい》な原因で、それまで元気だった人が、まるで枝から葉っぱがおちるようにある日突然《とつぜん》、亡《な》くなってしまう」

《**中略**》

　アフリカの医療《いりょう》事情の貧しさもさることながら、ぼくが圧倒《あっとう》されるのは、彼《かれ》らの日常が置かれている死と隣《とな》り合《あ》わせの「生」の危《あや》うさである。死は彼らのすぐかたわらに立っている。そして、彼らもそのことを知っている。

　そんな現実を見るうちに、道ばたの靴磨《くつみが》きの少年や、片脚《かたあし》を引きずって歩く物売りのおやじ、下町の大道芸人《だいどうげいにん》などと言葉を交わすたびに、不《ふ》謹慎《きんしん》かもしれないが、「彼らは来年も生きているのだろうか」という考えがいつも心をよぎるようになった。そして長い間、忘《わす》れていたあの民族誌映画で見た二人のやりとりの意味が、ようやくしみじみとわかるような気がした。

「おまえはやって来た」

「そう、おれはやって来た」

「そうだ、おまえはやって来た」

「そのとおり、おれはやって来た、おまえに会いにやって来た」

　いまになってみれば、この執拗《しつよう》なくりかえしには、互いが元気で会えたことがどれほど奇跡的《きせきてき》なことなのかを言祝《ことほ》ぐ気持ちが込《こ》められていたことが、痛《いた》いほどわかる。

　そのことを心から喜び、確かめるために、二人は「おまえはやって来た」となんどもくりかえしては、「そう、おれはやって来た」と切り返す。

　ウシが盗まれるのも「いつものとおり」だし、夫婦《ふうふ》げんかも子どもの誕生《たんじょう》もやはり「いつものとおり」なのだ。それを確認《かくにん》し合い、ここにこうして生きて相まみえたことを祈《いの》るような美しい気持ちが、そのやりとりにはあふれていたのだ。

（田中真知『美しいをさがす旅に出よう』より）

【注】 ＊些細な…ちょっとした。

＊不謹慎…不まじめ。

＊大道芸人…路上で道行く人に芸を見せる人。曲芸や手品、ダンス、楽器の演奏《えんそう》などがある。

＊執拗な…しつこい。　＊言祝ぐ…喜びの言葉を伝えて祝う。

＊相まみえた…お互いに顔を合わせた。

【適性検査Ⅱ】（四五分）

問題 次の 文章A ～ 文章C を読み、後の問一～四に答えなさい。

文章A

昔、一本の民族ドキュメンタリー・フィルムを見た。アフリカのどこかの村の暮《く》らしを淡々《たんたん》と撮影《さつえい》したもので、内容はよく覚えていないのだけれど、最後の場面がとても印象に残っている。

それは夕暮《ゆうぐ》れどき、二人の男が村はずれであいさつを交《か》わす場面だった。二人は別々の村に暮らしていて、ずいぶん久しぶりに再会したらしかった。夕闇《ゆうやみ》を背景《はいけい》に立つ二人は、淡々とこんな会話を交わす。

「おまえはやって来た」

「そう、おれはやって来た」

「そうだ、おまえはやって来た」

「そのとおり、おれはやって来た、おまえに会いにやって来た」

「おまえは元気そうだ」

「そう、おれは元気だ。元気でここにやって来た。元気でおまえに会いにやって来た」

「村では変わりはないか」

「ああ、変わりはない。いつものとおりだ」

「いつものとおりか。変わりはないのだな」

「変わりはない。××族のやつらはウシを盗《ぬす》みにやって来るし、△△のところにはまた子どもが生まれ、怠《なま》け者の○○は女房《にょうぼう》に尻《しり》を叩《たた》かれている……」

「そうか、いつものとおりか」

「ああ、いつものとおりだ」

「おまえは来た」

「ああ、おれはやって来た……」

二人は同じようなやりとりをいつまでもくりかえし、会話はとくに発《はっ》展《てん》することもない。民族誌映画《みんぞくしえいが》なので演出があるわけでもない。けれども、夕闇を背景に二つの黒い影《かげ》が交わす会話を聞いていて、思わず涙《なみだ》ぐみそうになった。どうして、そんな気持ちになったのか、自分でもうまく説明できない。相手がそこにいること、そして自分がここにいることを、くりかえし確かめるようなやりとりに、自分の生活に欠けている存《そん》在《ざい》の確かさのようなものを感じたからかもしれない。

けれども、実際にアフリカを旅していると、長いあいさつは、かえって面倒《めんどう》だった。こっちは急いでいるのに、長い儀式《ぎしき》ばったあいさつがつづいたり、ほとんどなんの情報も含《ふく》まれていないやりとりをつづけなくてはならなかったりするのは、ときには苦痛《くつう》だった。質問をしてもストレートな答えが返ってくることはめったになく、ピントのずれたやりとりをつづけたあげく、結局、知りたいことはわからない、時間はむだになる、ということが重なるたびに、がっくりさせられたものだ。

しかし、エジプトで暮らしているうちに、あいさつとは、いわばキャッチボールのようなものだと気づいた。エジプトでは朝のあいさつは、「サバーフルヘイル」（よい朝を）、「サバーフンヌール」（光の朝を）というかけあいである。しかし、ときには「バラの花の朝を」「ジャスミンの朝を」「マメの花の朝を」というふうに、互《たが》いに花の名前を交互《こうご》にくりかえすというパターンもある。

そこでは情報の交換《こうかん》に意味があるのではない。言葉を投げては受け取

二〇二〇年度

市立太田中学校入試問題

【作　文】（四五分）

【問題】次の資料を読んで、あとの【課題】に答えましょう。

※問題に使用された作品の著作権者が二次使用の許可を出していないため、問題を掲載しておりません。

【課題１】あなたが資料を読んで考えたことを次の〈条件〉にしたがって書きましょう。

〈条件〉

(1)　一段落目に、この資料を通して作者が伝えたいことを書きましょう。

(2)　二段落目以降に、(1)をふまえて、あなたがこれからの六年間でどのような自分になりたいかを、自分が見たり聞いたりしたことや体験したことを入れて書きましょう。

(3)　題名を書かずに一行目からあなたの考えを書きましょう。

(4)　四百字以上、六百字以内にまとめて書きましょう。

【課題２】あなたが作文で伝えたかったことを、短い言葉で書きましょう。

（出典　エリック・カール　再話・絵　木坂涼　訳（二〇一七）
『エリック・カールのイソップものがたり』「カラスとクジャク」、偕成社）

2020 年 度

解 答 と 解 説

＜適性検査Ⅰ解答例＞

【問題1】 ⑴ **ア** 25(人) **イ** 20(%)

⑵ ① (チーム分け)同じチームに，バスケットボールの得意な人，不得意な人がバランスよく入るように，チーム分けをする。

(試合のルール)シュートによる得点とシュートを入れた人数をかけたものを，チームの得点とする。

② 今日まで，チームのみんなで協力しながら練習してきたと思います。勝ち負けだけにこだわらず，おたがいにはげましの言葉をかけ合いながら，みんなで楽しみましょう。

⑶ (1試合の時間)7(分)

(理由)すべてのチームが，他のすべてのチームと1試合ずつ対戦すると，試合数は6試合となる。2つのコートを体育館に作るので，1つのコートにつき，3試合行うことになる。試合と試合の間は計12分，「はじめの言葉」と「終わりの言葉」は計2分，準備運動と整理運動は計10分なので，すべて合わせると24分となる。レクリエーションの時間の45分から，24分を引いた残りの21分で3試合行うので，1試合の時間は，7分となる。

⑷ 周りの人からの応援《えん》に支えられて，最後までがんばることができるよ。みんなで教え合いながら上達できるし，達成感を味わうこともできるね。それに，相手を思いやることも大事だと感じられるね。

【問題2】 ⑴ **ア** 果実飲料の容器(飲料容器)の種類

イ 1995年ではペットボトルの割《わり》合は3番目だったけど，2018年では1番大きい割合となった

⑵ ① ペットボトル本体とラベルを分別して捨てやすくするため。

② 回収《しゅう》率が92.2%である2017年においても，回収されていないペットボトルが4万6千トンもあり，その多くがプラスチックごみとなってしまうおそれがあるから。

⑶ **ア** 1988年と2018年それぞれについて，消費されたアルミ缶《かん》の重量を，消費されたアルミ缶数で割《わ》り，アルミ缶1缶当たりの重さを求める。

イ 5(グラム)

⑷ ① 木材をむだなく利用することができるね。

② 分別をしっかりする，できるだけリサイクル製品を使うようにするなどの工夫が考えられる。また，マイバックやマイボトルなどを使うことや，持ち物を修理してできるだけ長く使うようにするなどの工夫も考えられる。

＜適性検査Ⅰ解説＞

基本 【問題1】（総合問題：表の読み取り，条件作文，実験）

(1) ア　表を読み取る問題である。〔質問1〕で「得意」と答えた人のうち，〔質問2〕で「楽しい」と答えた人は14人、〔質問2〕で「やや楽しい」と答えた人は4人である。同じように,〔質問1〕で「やや得意」と答えた人のうち，〔質問2〕で「楽しい」と答えた人は3人，〔質問2〕で「やや楽しい」と答えた人は4人である。これらの人数を足し合わせる。

14＋4＋3＋4＝25(人)

イ　クラス全員の人数はすべてのマスの人数を足し合わせれば良い。

14＋3＋4＋4＋1＋1＋2＋2＋1＋1＋2＝35(人)

〔質問1〕で「やや不得意」または「不得意」と答えた人のうち，〔質問2〕で「あまり楽しくない」または「楽しくない」と答えた人は7人だから，その割合は,

7÷35×100＝20(％)

(2) ①　クラスにはバスケットボールが得意な人も不得意な人もいるということをふまえて，実態を把握《はあく》して全員が楽しめるような工夫をする。

②　勝敗だけでなく，レクリエーションをする目的や得られる経験ついて考える。練習過程や協力について認め合えるようにする。

(3)　全体の時間や試合以外にかかる時間を整理する。同時にできる試合数や全チームがたがいに試合をすることができるようにする。

(4)　話し合いの内容から，レクレーションを通してみんなが得た気づきを読み取る。応援をすることができた。応援が力になった。練習を通して，様々な立場の人が活やくできるように工夫して，全員が楽しむことができた。みんなで体を動かすことが楽しいと感じた。これらの良さについて簡潔にわかりやすくまとめるとよい。

【問題2】（総合問題：飲料容器，割合，グラフ）

(1) ア　問題文の中に「普段飲むことが多いオレンジジュースなどの果実飲料の容器について調べる中で，次の資料を見つけました。」とある。また資料には，「紙」「缶」「ペットボトル」などと書いてあることから，果実飲料の容器の種類についての資料であると推測することができる。

イ　最も大きく変化しているのは，ペットボトルの割合が大幅に増加しているということである。

(2) ①　ペットボトルのラベルにミシン目を入れてはがしやすくすると，どのような利点があるか考える。メモにあるようにペットボトル本体，ラベル，キャップは違う種類のプラスチックでできているため分別して捨てる必要がある。

②　販売量と回収量の差から，回収できていないペットボトルが未だ多くあることをふまえ，回収できなかったペットボトルがどうなるか考える。

(3) ア　1988年と2018年それぞれについて考える。アルミ缶1缶当たりの重さは消費されたアルミ缶の重量を，消費されたアルミ缶数で割ることで求めることができる。

イ　1988年のアルミ缶数は75億缶，その重量は15万トンであることからアルミ缶1缶あたりの重さは次のように求めることができる。

また，1トン＝1000000グラムである。

150000000000÷7500000000＝20(グラム)

同じように，2018年について考えるとアルミ缶数は217億缶，その重量は33万トンであることから次の通りである。

330000000000÷21700000000＝15.20…より，約15グラム。

1988年と2018年について，アルミ缶1缶の重さを比かくすると，20－15＝5(グラム)

(4) ① 間ばつ材とは，森林を整備するために切る木のことである。これらを利用することで木材をむだなく利用することができる。

② 環境を守るために，必要なことを「つかう側」の視点で考える。分別，リサイクルに加えて，ごみを減らすことについて自分ができることを書くとよい。

★ワンポイントアドバイス★

会話文や問題文からそのまま解答できるものもあれば，自分で考えて説明する問題もある。自分で考えて説明する問題は，問題文をよく読んで求められていることは何かを読み取り，身近な現象とも合わせて考えられるとよいだろう。

＜適性検査Ⅱ解答例＞《学校からの解答例の発表はありません》

【問題】 問一 医療事情が貧しく，常に死と隣り合わせの日常を送るアフリカの人々にとって別の村に住む友人と元気で再会できることは奇跡であり，一見長く同じ内容の繰り返しに見えるあいさつにお互いの生を確認して言祝ぐ美しい気持ちを見出し感動したからだと考えた。

問二 友達が，仲の良かった友達とけんかをして落ち込んでいて，自分がその子の話を聴くことがあったのだが，けんかをしたいきさつを回りくどく説明するので，自分が聴く側だったはずなのに話に飽きて友達の話をまとめて終わらせてしまった時，むずかしさを感じた。

問三 (1) アメリカに来てから学校や野球のチームになかなかなじめない太郎に何が大変なのか積極的に聞いたりせず，直接かかわらないで見守ったり，太郎が話をしたいときだけ話を聴く。なぜなら，太郎から語るチャンスをうばわずに，ただじっと見守ることや横にいること，話を聴くことだけで太郎は楽になるはずだから。

(2) 言葉が通じずとも太郎に英語であいさつをしたり，ゲーム機や輪ゴム，風船ガムなどの道具を使って，言葉に頼ることなく太郎と関わる。なぜなら，情報のやり取りより，互いが同じ場所と時間を共有していることを確かめる方があいさつでは重要である。言葉が違っても問題なく，道具を使えば言葉がなくても太郎と親しくなれるから。

問四 コミュニケーションは，特別相手と内容のある会話をしなくても，あいさつであったり，話を聴くことであったり，道具を介してであったりでとれるが，どんな方法でも，相手としっかり向き合うことが大切である。

＜適性検査Ⅱ解説＞

【問題】（国語：文章読解，条件作文）

問一　2ページ下の段，後ろから2段落目「いまになってみれば～」に注目する。この段落は文章Aの冒頭に書かれているアフリカの民族の会話について筆者の意見をまとめているので，この段落を参考にして書くとよい。

問二　筆者は文中で，聴く側は相手から語る機会を横取りしてはならないと述べている。実際に，自分が聴く側になった時に，間や緊迫した空気に耐えられず，相手の話を最後まで聴くことができなかった体験について書くとよい。

問三　(1)　文章Bを通して，ただ見ていることや，何もしないでただ横にいるということが相手に支えになることや，相手の話を聴くことが彼らの助けになることについて言及しているので，この意見に沿って，自分の考えを述べるとよい。

(2)　あなた自身が英語を母国語とし，日本語を話すことができないという条件に注意する。ラジャと太郎，エディのコミュニケーションの取り方から，言葉を使わずに関わる方法について書くとよい。

問四　あなたの考えを書かせる問題なので，文章A～文書Cを読んで，自分が大切だと思ったことを書くと良い。

★ワンポイントアドバイス★

何が問われているのかを見失わないように注意しよう。また，本文のどの部分から問いの答えを導き出せるのか考えよう。

＜市立太田中学校　作文解答例＞《学校からの解答例の発表はありません》

【課題1】　人は見た目ばかりが立派でも内面が立派でなければ意味がない。作者はこの資料の中でクジャクのようになりたくてクジャクの羽根を取って付けても結局本物のクジャクや仲間のカラス達にさえばかにされてしまったカラスをえがき，中身をともなわない外見だけのかざりは無意味なものであると示している。

私はこのことをふまえて，これから先の六年間ではたくさん勉強をするだけでなく，中学生や高校生でしかできない経験をたくさんすることによって学びの多い時間を過ごしていきたいと思っている。そして，六年間かけて内面のしっかりした自分になりたい。

しかし，内面のしっかりした人，と一言で言ってもそれはいったいどのような人なのだろうか。私には一人思い当たる人がいる。私の今の担任の先生だ。先生は，クラスの児童一人ひとりの事をちゃんと見て下さるし，私が授業中どんな意見を出しても決して軽くあつかわず，一つひとつていねいに取り上げてくれるきちんとした人だ。

私は，中学校，高校の六年間でこの先生のように誠実できちんとした内面を身に付けたい。資料にえがかれているカラスのように取って付けたものにまどわされず，地に足をつけた生活を送ることができればいいと思う。

【課題2】　人は見た目よりも内面が大切だ(ということ)。

＜市立太田中学校　作文解説＞

基本

【課題1】（国語：条件作文）

段落構成の条件が細かいので注意する。条件を受けると，段落構成には以下のものが考えられる。

一段落目…この資料を通して作者が伝えたいことについて。

二段落目以降…自分の経験から，六年間でどのような自分になりたいかについて。

段落数の指定はないが，二,三段落目で作者の伝えたいことと関連した自身の経験についてまとめ，最終段落で経験をふまえてどのような自分になりたいかまとめることが望ましい。また，自分が何を伝えたいのかを見失わないように，解答用紙に書き始める前に，全体の流れをメモするとよい。作文の内容は，次のような順序で考えてみるとまとめやすい。

（考え方の順序の例）

①　作者はなにを伝えたいのか。

②　なりたい自分とはどのような人なのか。

③　②を伝える上で，①と関連させて説得力を持たせるにはどんな経験を書くべきか。

【課題2】（国語：要旨）

全体の流れのメモを参考に，自分なりのメッセージやなりたい自分について一言でまとめる。

★ワンポイントアドバイス★

作者の意見をまとめることが求められているのか，本文に対する自身の意見を求められているのかをしっかり確認するようにしよう。両方が求められている場合は，どちらに重点を置くべきかを見極める必要がある。

MEMO

大切なことはメモしておこうネ！

収録から外れてしまった年度の
解答解説・解答用紙を弊社ホームページで公開しております。
巻頭ページ＜収録内容＞下方のQRコードからアクセス可。

※都合によりホームページでの公開ができない問題については，
次ページ以降に収録しております。

2019年度

群馬県公立中等教育学校・中学校入試問題

【適性検査Ⅰ】（45分）

【問題１】 次の文章を読んで，⑴から⑷の問いに答えましょう。**答えは，解答用紙（２枚中の１）に記入しましょう。**

広志《ひろし》さんの小学校では，１年生から６年生までがいっしょに活動を行う「なかよしタイム」があります。２学期最後の「なかよしタイム」では，自分たちでこんだてを決め，1年生から６年生までを交えたグループをつくって給食を食べる，「なかよし給食」を行うことになりました。そこで，広志さんたち６年生は，どのようなこんだてが良いか，全学年にアンケートを行いました。**表**は，アンケートの結果です。

表　（単位：人）

順位	主食		飲み物		主なおかず		その他のおかず		デザート	
1	あげパン	194	コーヒー牛乳《にゅう》	282	オムレツ	162	チキンナゲット	79	チョコケーキ	80
2	わかめごはん	85	ドリンクヨーグルト	120	ハンバーグ	68	大学いも	74	ドーナツ	72
3	ミートソーススパゲティ	57	牛乳	53	肉じゃが	54	大根サラダ	71	りんご	70
4	ラーメン	45			マーボーどうふ	43	フライドポテト	62	プリン	63
5	ロールパン	27			白身魚フライ	34	ゆで卵《たまご》	54	みかん	60

⑴　広志さんたちは，**表**を見ながら，次のような**話し合い**をしました。

話し合い

広　志：アンケートでは，「主食」，「飲み物」，「主なおかず」，「その他のおかず」，「デザート」について，ふだんの給食のこんだての中から，全員に１つずつ好きなものを書いてもらって，それぞれ上位５位までを**表**にまとめたよ。これを見ながら，「なかよし給食」のこんだてを考えようよ。

由《ゆ》　美《み》：まず，あげパンと，コーヒー牛乳，オムレツの３つをこんだてに入れたいな。理由は，［　**ア**　］

太《た》　郎《ろう》：由美さんの意見に賛成だよ。でも，ほかのものはどう選んだらいいのかな。

理《り》　子《こ》：家庭科の授業で学習した栄養のバランスを考えたらどうかな。「エネルギーのもとになる食品」と「体をつくるもとになる食品」，「体の調子を整えるもとになる食品」があったよね。

太　郎：そうだね。そのことから考えてみると，「その他のおかず」は，

［　**イ**　］

由　美：そうね。授業で学んだことと言えば，社会科の時間に，先生が，いつも食べている給食には地元でとれたものがたくさん使われている，と言っていたよ。

広　志：地産地消のことだね。地産地消にはいいところがたくさんあってね，

ウ

太　郎：それなら「デザート」は，地産地消を考えて選ぼうよ。
理　子：りんごなら，群馬県のものがあるよね。
広　志：そうしよう。これで，こんだては決まりだね。全校のみんなに伝えるときには，こんだてだけではなくて，決めた理由についても伝えたいね。

① 由美さんが，あげパンとコーヒー牛乳，オムレツの３つをこんだてに入れたいと言っているのはなぜですか。**表**から考え，由美さんになったつもりで，ア に理由を書きましょう。

② あなたなら，「その他のおかず」として，**表**の中から何を選びますか。太郎さんになったつもりで，イ に「その他のおかず」と選んだ理由を書きましょう。

③ 地産地消には，どのような良いところがありますか。広志さんになったつもりで，ウ に文章を書きましょう。

⑵ こんだてとそれを決めた理由について，広志さんたちは，「なかよし給食」の当日に，放送を使って全校に伝えることにし，広志さんが放送原こうを書くことになりました。広志さんになったつもりで，140字以上160字以内で書きましょう。

ただし，「その他のおかず」は，⑴の②で選んだものを入れて書くこと。

⑶ 「なかよし給食」を終えた広志さんたちは，各学年から出された感想をまとめたところ，次のような，給食を食べているときの**課題**が見つかりました。広志さんたちは，この**課題**を解決し，もう一度，同じ人たちでグループをつくって，給食を食べたいと考えました。あなたならどんな解決の方法を提案しますか。具体的な方法を２つ書きましょう。

課題

同じ学年の相手とだけ会話をしている人や，ほとんど会話に参加できない人がいて，グループ全員で楽しく会話をすることができなかった。

⑷ 広志さんたちは，3学期の「なかよしタイム」で，もう一度同じ人たちでグループをつくって給食を食べました。その後，広志さんたちが，次のような**話し合い**をしました。

話し合い

広　志：２回目にみんなで給食を食べた後では，どの学年の人とも話ができて楽しかった，という声が聞こえたよ。
由　美：「なかよしタイム」では，反省を生かすことがとても大事だね。
太　郎：計画をしっかり立てることも大切だよ。「なかよし遠足」のときには，１年生が迷子になってしまわないか心配だったけれど，事前に６年生で役割《わり》を決めておいたことで，当日はトラブルがなくて，良かったと思ったことを覚えているよ。
広　志：「なかよしドッジボール」では，低学年の子たちがボールをこわがっていることに気づいた由美さんが，低学年の子たちの気持ちを考えるようにと，みんなに伝えてくれたね。

理　子：５年生に，わたしたちの経験を伝えたいな。「なかよしタイム」の１年間をふり返って，模《も》造紙にまとめて５年生の教室のかべにはってもらうのはどうかな。

太　郎：写真や，みんなからの感想があると，どんなことをやってきたかわかるね。

由　美：そうね。**みんなで楽しめる「なかよしタイム」にするために大事なこと**を，わかりやすく整理して伝えましょうよ。

広　志：５年生に楽しく見てもらうための工夫も必要だよね。**チャレンジコーナー**をつくって，みんなが楽しんで考えられるような問題を出してみたいな。今回の「なかよしタイム」は給食だったから，食べ物を使った問題をつくってみようよ。

理　子：模造紙のレイアウトを，ノートに書いてみたよ。全体的には，こんな配置でどうかな。

広　志：ありがとう。それでは，さっそく分担《たん》して作業を始めようよ。

理子さんがノートに書いた模造紙のレイアウト→

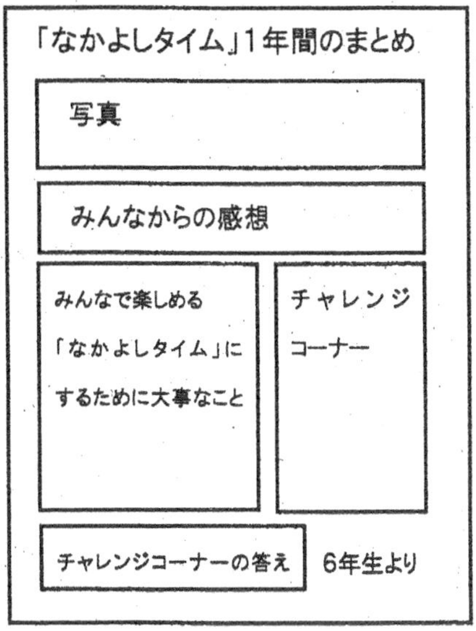

①　話し合いの内容をもとに，**みんなで楽しめる「なかよしタイム」にするために大事なこと**を，活動の前，活動中，活動の後に分けて，それぞれ書きましょう。

みんなで楽しめる「なかよしタイム」にするために大事なこと

（活動の前）…

（活　動　中）…

（活動の後）…

②　広志さんたちは，**チャレンジコーナー**を，次のようにつくりました。答えは，模造紙の一番下に書いておく予定です。どのような答えになりますか。**チャレンジコーナーの答え**を書きましょう。

チャレンジコーナー

みんなでチャレンジ！！

「卵の体積を量ってみよう！」

「なかよし給食」では，
オムレツに使われていたよ。

学校にある次のものを使って，卵1個の体積を量る方法を考えよう。

ここがポイント
・卵を割ってはだめだよ。
・下の〔使えるもの〕に書かれた説明が手がかりだよ。

〔使えるもの〕

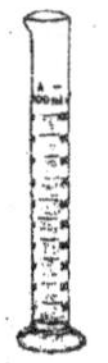

「メスシリンダー」
細くて卵は
入らない。

「コップ」
卵がすっぽり入る。

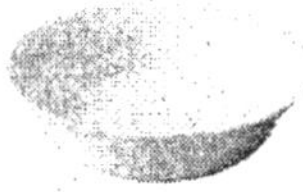

「皿」
卵の高さより
浅い。

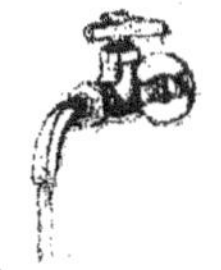

「水」
卵は水にしずむ。

チャレンジコーナーの答え

【問題２】 次の文章を読んで，⑴から⑶の問いに答えましょう。**答えは，解答用紙（２枚中の２）に記入しましょう。**

春香《はるか》さんたちのクラスでは，総合的な学習の時間に，日本と外国との関わりをテーマにした，班《はん》別の学習をすることになりました。春香さんは，家族旅行で群馬県内のホテルに宿はくしたとき，何人かの外国人に出会った経験から，外国人旅行者について調べ，次のページの**メモ１**と**メモ２**をつくりました。

⑴ 春香さんは，**メモ１**と**メモ２**を見ながら，同じ班の人たちと**話し合い**をしました。

話し合い

勇《ゆう》　一《いち》：**メモ１**を見てみると，群馬県の旅行者全体の人数は，他の都道府県と比べて少ないね。
さやか：そうかな。私《わたし》は多い方だと思うけど。
航《こう》　平《へい》：２人のとらえ方がちがうのは，
［　　　　ア　　　　］
さやか：外国人旅行者については，群馬県はどうなのかな。人数を見ると少ないね。

春　香：旅行者全体に対する外国人旅行者の割合を見ても，群馬県は，全国と比べて少ないよ。

勇　一：でも，**メモ２**を見ると，外国人旅行者は年々増えているね。これからも増えていくんじゃないかな。

春　香：それなら，わたしたちも外国人旅行者について，もっとくわしく調べてみましょうよ。例えば，外国人旅行者が，何か困《こま》っていることはないのかな。

さやか：そうね。わたしたちの班の課題は，「外国人旅行者が困っていることについて調べ，その改善策《ぜんさく》を考える」にしたらどうかな。

勇　一：いいと思うよ。そうしよう。

メモ１

全国と群馬県の旅行者の人数
（平成２９年のホテル・旅館等への宿はく者数）

＜全国＞

	人　数	47都道府県平均人数
旅行者全体	約5億９６０万人	約１０８４万人
そのうちの外国人	約７９６９万人	約１７０万人

＜群馬県＞

	人　数　（全国順位）
旅行者全体	約８７６万人（１８位）
そのうちの外国人	約２９万人（３０位）

メモ２

群馬県の外国人旅行者数の変化
（ホテル・旅館等への宿はく者数）

平成２４年	６万９２４０ 人
平成２５年	１０万８９３０ 人
平成２６年	１１万２２８０ 人
平成２７年	１６万　３４０ 人
平成２８年	２１万４３５０ 人
平成２９年	２９万１４６０ 人

（メモ１・メモ２は観光庁《ちょう》「H24～H29 宿泊《はく》旅行統計」により作成，宿はく者数はのべ人数）

①　群馬県の旅行者全体の人数について，勇一さんは「少ない」と言い，さやかさんは「多い」と言っています。２人のとらえ方が分かれた理由を**メモ１**から考え，航平さんになったつもり

で，ア に書きましょう。

② 春香さんが，「旅行者全体に対する外国人旅行者の割合を見ても，群馬県は，全国と比べて少ないよ。」と言っている理由を，言葉や数字を使って説明しましょう。

③ 春香さんたちは，課題を決めた理由について，クラスの人たちに資料を示して説明します。**メモ2**の内容については，グラフで示すことにしました。どうすればわかりやすく示せるかを考え，グラフをかきましょう。

ただし，線を引く場合は，定規を使わずにかいてかまいません。

⑵ 春香さんたちは，これからの学習の進め方について，次のような**計画**を立て，インターネットも使って情報を集めようとしています。インターネットで調べた情報をあつかうときには，どのようなことに注意したらよいか，考えて書きましょう。

計画

1 「外国人旅行者が困っていること」に関する情報を集める。
・外国人旅行者に接するいろいろな人にインタビューする（観光案内所，ホテル，レストラン，おみやげ店など）。
・インターネットで外国人旅行者に関係することを調べる。
・図書館の本や資料を使って，外国人旅行者に関係することを調べる。
2 集めた情報を整理する。
3 整理した情報をもとに，改善策を考える。
4 考えた改善策をまとめ，改善策を生かす方法を話し合う。
↓
次の活動へ

⑶ 春香さんたちは，調べたことを次のように**資料A**と**資料B**にまとめ，**話し合い**をしました。

（**資料A**，**資料B**は次のページにあります。）

話し合い

さやか：**資料A**を見ると，外国人旅行者は，日本語がわからなくて困っているようね。
勇　一：そうだね。ところで，**資料B**のような標識は，禁止や注意，非常時の情報提供《きょう》のために，日本中で同じものが使われているんだよ。見ただけですぐに意味が伝わるから，外国人にとっても，いざというとき役に立つと思うよ。
航　平：例えば，**資料A**にあるように，目的地までの行き方がわからなくて困ったときには，情報コーナーを示す標識が役に立ちそうだね。それなら，それぞれの標識がもっと目立つように，デザインをいろいろと工夫してみたらどうかな。
さやか：勝手にデザインを変えてしまうのはよくないと思うよ。
理由は，［　　　　ア　　　　］
春　香：ほかにどんなときに困っているのか，**資料A**を見てみましょうよ。確かに，レストランで日本語で書かれたメニューしかなかったり，買い物をするときにお店の人と会話ができなかったりすれば，困るでしょうね。
航　平：せっかく外国から来たのだから，気持ちよく料理を食べてほしいし，気に入ったものを買ってもらいたいよね。レストランやお店の人たちがどんな工夫をすれば，外国人旅行者の役に立つのかな。言葉にたよらない方法があるといいね。

勇　一：［　イ　］

さやか：それはいい考えね。このことについて，もっと調べたりまとめたりして，レストランやおみやげ店などに提案できたらいいかもしれないね。

春　香：そうね。次は，提案先や提案の仕方についても，みんなで考えていきましょう。

資料A

「日本を訪《おとず》れた外国人が旅行中に困ったこと」

○　係員や店員との会話ができない。

○　観光案内板，地図などで，英語などの外国語で書かれた表示が少ない。

→　どんなときに困ったのか？

・レストランで料理を選ぶとき

・商品の使い方などについて説明を聞きたいとき

・目的地までの行き方を調べるとき　　など

（観光庁「『訪《ほう》日外国人旅行者の受入環《かん》境整備における国内の多言語対応に関するアンケート』結果」により作成）

資料B

標識とその意味

（非常ボタン）　（けい帯電話使用禁止）　（情報コーナー）　（忘《わす》れ物取りあつかい所）

（観光庁「観光立国実現に向けた多言語対応の改善・強化のためのガイドライン」により作成）

①　資料Bのような標識について，さやかさんが，勝手にデザインを変えてしまうのはよくないと言っているのはなぜですか。さやかさんになったつもりで，［ア］に理由を書きましょう。

②　航平さんは「レストランやお店の人たちがどんな工夫をすれば，外国人旅行者の役に立つのかな。言葉にたよらない方法があるといいね。」と言っています。どんな方法が考えられますか。勇一さんになったつもりで，［イ］に100字以上120字以内で書きましょう。

もう卒業できないよね、どっちにしても」「そういうの考えるとさー、元気なうちらがお見舞いに行って、受験とか高校の話とかしちゃうと、かわいそうかもよ」「うん、だからさ、西村さん、千羽鶴でいいんだと思うよ。受験前に千羽鶴折るだけでも、けっこう友情じゃん」……。

《中略》

一週間が過ぎた。

千羽鶴は、まだ完成していない。

みんなが盛《も》り上がったのは、結局、最初の二日間だけだった。中間試験が近づいたこともあって放課後の居残りは「忙《いそが》しい子は休んでもOK」から「時間のある子だけ残る」になり、昼休みの集まりも極端《きょくたん》に悪くなった。和歌子《わかこ》ちゃん達の始めたバスケットボールが別のクラスにも広がって、フリースローのクラス対抗戦《たいこうせん》になってしまったせいだ。

文句は言えない。これは自由参加で、強制する筋合《すじあ》いのものではなく、出しゃばったことを言うと、きっと反発されて、反感を買って、嫌《きら》われる。

きみは一人で鶴を折りつづける。朝のホームルーム前も、昼休みも、放課後も、家に帰ってからも、そして授業中まで……。

（重松清『きみの友だち』より）

【注】＊きみ…本文中の「きみ」とは、西村さんをさす。西村さんのことを作者が呼びかけている表現。
＊千羽鶴…数多くの折り鶴を糸に通してつなげたもの。
＊危篤《きとく》…病気の状態が重く、命があぶないこと。
＊中間試験…学期を半分過ぎたころに行うテストのこと。
＊朝のホームルーム…教室で行う朝の会のこと。

問一　クラスでつくった千羽鶴を贈ることで、由香さんへどのようなメッセージを伝えられると思いますか。あなたの考えを書きなさい。

問二　クラスの人たちは、なぜ千羽鶴づくりに熱心に取り組まなくなってしまったのですか。その理由を次の二点に着目して書きなさい。

①　クラスの人たちの置かれている状態

②　クラスの人たちが由香さんについて思っていること

問三　あなたがこのクラスの一員だとしたら、このあとどのように行動しますか。また、その理由は何ですか。あなたの考えを、二百二十字以上二百五十字以内で書きなさい。

【適性検査Ⅱ】（四五分）

問題　次の文章を読み、後の問一～三に答えなさい。

中学三年生の西村さんは、九月からの転校生。転校して一ヶ月足らずのうちに、同じクラスの由香《ゆか》さんが入院することになった。クラスで由香さんにお見舞《みま》いを贈《おく》る話が持ち上がったとき、西村さんの提案によって、みんなで千羽鶴《せんばづる》を折ることが決まった。その後、放課後や昼休みを利用して千羽鶴づくりを開始するが、思った以上に時間がかかりそうだった。宿題にすれば少しはペースが上がるはずだが、受験勉強に本腰を入れるこの時期、みんなに無理を言うわけにもいかないのだった。

帰り道、瀬川《せがわ》ちゃんは「こんなに折り紙したのって幼稚園《ようちえん》の頃《ころ》以来だね」と自分の肩《かた》を揉《も》んだ。ミヤちゃんも指が痛《いた》くなったらしく、じゃんけんのグーとパーを繰《く》り返して、「ちょっとがんばりすぎたかも」と言った。実際、みんながんばってくれた。がんばりすぎて、五時をまわっても教室に居残っていたので、見回りに来た先生に注意されたほどだった。

「明日は、湿布《しっぷ》とか持ってくるから」

きみが言うと、二人は「そこまでしなくていいよお」「西村さん、優《やさ》しすぎーっ」と笑った。

「でも、このペースだったら、あと四、五日で終わるから」

励《はげ》ましたつもりだったが、瀬川ちゃんは「うえっ、まだけっこうあるじゃん」と顔をしかめ、ミヤちゃんも「卒業までいいってことにしない？」と言いだした。

二人とも冗談《じょうだん》の表情や口調だったことを確かめて、きみは「だめだよお」と笑った。「だって、あんまり時間がかかりすぎると退院しちゃうでしょ」

すると、二人はちょっと困《こま》ったような顔を見合わせて、瀬川ちゃんが、いいよわたしが言うから、とミヤちゃんに目配せした。

「あのね、西村さん……由香ちゃん、もう退院できないかもしれないよ」

「……そんなに悪いの？」

「悪いっていうか、治らないんだって、腎臓《じんぞう》」

一学期に入院したときも、容態はかなり悪かった。集中治療室《ちりょうしつ》に入っていた時期もあるらしいし、危篤《きとく》になったという噂《うわさ》も流れた。

「だから、西村さんも千羽鶴はあせんなくていいと思うよ」

「……お見舞いはどうなってるの？」

「って？」

「だから、順番決めてお見舞いに行ったりとか」

二人はまた顔を見合わせて、今度はミヤちゃんが「一学期のころは、たまに行ってる子いたけどね」と言った。「でも、みんなで行っちゃうと、かえって迷惑《めいわく》じゃん？」

「それに、あの子ほんとに無口だから、五分も話つづかないもんね」

と瀬川ちゃんが言う。

「そうそうそう、お母さんが気をつかっちゃって話しかけてくるから、かえって困《こま》っちゃうんだよね」「うちらは小学校の頃から知ってるからいいけど、他の子、由香ちゃんのことあんまりよく知らないでしょ」「三年で初めて一緒《いっしょ》になった子とか、ほとんどしゃべったこともないんじゃない？」「今年なんか学校に来た日のほうが少ないでしょ」「言えたー、

二〇一九年度
市立太田中学校入試問題

【作　文】（四五分）

【問題】　資料を読んで、次の《条件》に合うように作文を書きましょう。

時は２２１７年。コンピュータは飛躍的《ひやくてき》な進歩を遂《と》げました。人の脳を完璧《かんぺき》に解析《かいせき》し、その人の記憶や性格まで導き出してしまいます。そして、そこから未来を予測できるようになったのです。

人々はコンピュータに自分の子供を解析《かいせき》させ、最も適した職業を選ぶこともできます。

自分の好みを分析《ぶんせき》させて住みたい街を選ばせたり、自分の能力を分析《ぶんせき》させて才能のある道を見つけ出したり、読みたい本はコンピュータが瞬時《しゅんじ》に選んでくれたりと便利なことばかりです。企業《きぎょう》の側から見ても、会社に必要な脳を選ぶことができるようになり、スカウトもコンピュータが自動でやってくれます。

自分の能力がどれほどのものなのか現状がわかるだけでなく、現在の脳の状態から未来も予測することができます。無駄《むだ》な努力をすることもなくなり、人生を無駄《むだ》なく送ることができるようになりました。

結婚《けっこん》も一気に身近なものになりました。自分の脳情報をコンピュータに登録し、自分に合った異性をコンピュータに見つけさせ、一度も会うことがなくとも運命の人が見つかります。この機能により顔も知らぬまま結婚《けっこん》を決める人さえいるほどです。

警察も難しい捜査《そうさ》を行う必要さえなくなります。事件が起これば少しでも疑いのある人を片《かた》っ端《ぱし》から捕《つか》まえてコンピュータに脳を調べさせれば、瞬時《しゅんじ》に記憶《きおく》が検索《けんさく》され、犯人かそうでないかがわかります。

このため、犯罪率そのものが低下し、街は以前より安全になりました。それどころか将来犯罪を起こしそうな人までわかるようになりました。犯罪を起こす確率が高い人はあらかじめ逮捕《たいほ》して更生《こうせい》プログラムを受けさせることが可能になったのです。これでさらに街の安全度は上がります。

国は国民の平和と安全と快適な生活、そして国の発展の為《ため》に12歳《さい》以上の国民に1年に一度脳情報を登録することを義務づけました。

果たしてこれは望むべき未来の姿なのでしょうか？

（北村良子『論理的思考力を鍛える33の思考実験』〈彩図社〉より）

《条件》

① 一段落目に、このような未来についてあなたはどう考えるかを、理由をふくめて書くこと。

② 二段落目からは、これからあなたが生きていく上で大切にしたいことについて、自分の体験や生活に関わらせて書くこと。

③ 四百字以上六百字以内（三～四段落）で書くこと。

平成30年度

群馬県公立中等教育学校・中学校入試問題

【適性検査Ⅰ】 (45分)

【問題１】 次の文章を読んで，(1)から(5)の問いに答えましょう。**答えは，解答用紙（２枚中の１）に記入しましょう。**

やまと小学校では，毎年，秋に運動会を行っています。１年生から６年生までが３つの団に分かれ，団対抗《たいこう》で優勝《ゆうしょう》を目指します。運動会では，６年生が中心となって，準備を行います。今年の６年生は，昨年の運動会をふり返ってから，準備を始めることにしました。**表**は，昨年の運動会のアンケート結果です。

表

（単位：人）

項目《こうもく》	できた	だいたいできた	あまりできなかった	できなかった	合計
① 運動会を楽しむことができた。	１２０	４２	１７	２	１８１
② 自分から進んで取り組むことができた。	２２	３８	８６	３５	１８１
③ ルールを守って活動することができた。	９４	４６	２８	１３	１８１
④ ほかの学年と協力して取り組むことができた。	２２	３８	５９	６２	１８１
⑤ 練習にしっかり取り組むことができた。	２６	１０６	３５	１４	１８１
⑥ 責任をもって自分の仕事を行うことができた。	３９	４６	３４	６２	１８１

（対象：５年生，６年生）

(1) 各団の団長が集まり，**表**をもとに，次のような**話し合い**をしました。

話し合い

宏美《ひろみ》：表のアンケート結果で，一番評価が高かった項目は，何番だと思いますか。

健一《けんいち》：ぼくは，項目①番だと思います。なぜなら，「できた」「だいたいできた」と答えた人数が，すべての項目の中で，一番多いからです。

宏美：では，一番評価が低かった項目は，何番だと思いますか。

恵太《けいた》：ぼくは，項目 ア 番だと思います。

なぜなら，

イ

健一：ぼくもそう思います。その項目で評価が一番低かったことは，昨年の運動会での大きな課題だと思います。

恵太さんになったつもりで考えて，ア に当てはまる数字を，イ に当てはまる言葉や数字を書きましょう。

⑵　健一さんの団では，昨年の運動会での課題をふまえ，全学年で一緒《いっしょ》にダンスを行うことにしました。**表**は，健一さんの団に所属する各学年の人数です。

表

1年生	2年生	3年生	4年生	5年生	6年生
29人	31人	26人	26人	29人	33人

ダンスを行うにあたり，1年生から6年生まで，できるだけすべての学年がそろう6人組のグループを作ろうとしたところ，すべての学年がそろわないグループができてしまうことが分かりました。

すべての学年がそろわないグループは，いくつできると考えられますか。また，そのように考えた理由を，言葉や数字を使って書きましょう。ただし，グループの人数は6人のままで変えないものとします。

⑶　健一さんの団に所属する6年生は，ダンスの練習を積み重ね，運動会まで残り1週間となったところで，話し合いをしました。

①　健一さんは，6年生に，次のような今後の**ダンス練習計画**を配りました。□には，本番4日前の練習内容が入ります。前後の練習内容をふまえ，健一さんになったつもりで考えて，書きましょう。

ダンス練習計画

9／11（月）	団全体で練習を行う。
9／12（火）	6年生が□
9／13（水）	グループごとに，ダンスの発表をする。
9／14（木）	団全体で通し練習を行う。
9／15（金）	予行練習
9／16（土）	運動会当日

②　話し合いの中で，「3年生がまじめにダンスに取り組まない。」「3年生が恥《は》ずかしがって，しっかり踊《おど》らない。」という意見が出て，3年生を責めるような雰囲気《ふんいき》になってしまいました。

健一さんは，6年生に，団長としての自分の考えを話すことにしました。どのようなことを話せばよいでしょうか。健一さんになったつもりで考えて，話す内容を40字以上60字以内で書きましょう。

⑷　運動会当日，健一さんの団（赤団）では，各学年が協力して取り組み，ダンスを大成功のうちに終えることができました。また，各団員が，個人種目でもよく頑張《がんば》り，午前の競技が終わった段階《だんかい》で，**表1**のように，3団中2位につけることができました。

赤団が確実に優勝するためには，午後の種目で，少なくとも何種目で1位をとればよいでしょうか。次のページの**表2**の午後の種目の得点表を参考に，そのように考えた理由も合わせて，言葉や数字を使って書きましょう。

表１

赤団	青団	黄団
３９５点	３８２点	４０１点

表２

午後の種目	１位得点	２位得点	３位得点
つな引き			
玉入れ			
５年団対抗リレー	２０点	１０点	５点
６年団対抗リレー			
代表団対抗リレー			

⑸　運動会の後，健一さんの団に所属した６年生たちの間で，次のような**会話**がありました。

会話

健一：今年は全学年で一緒にダンスを行ったことで，各学年が協力して運動会に取り組むことができたね。
雅美《まさみ》：今まで頑張ってきたから，ダンスが終わってしまうのは少しさびしいね。
美紀《みき》：運動会が終わると，ほかの学年の人たちと交流する機会は少なくなるよね。
健一：せっかくほかの学年と交流する機会ができたのだから，これからも何か続けていきたいな。
雅美：これをきっかけに，１年生から６年生までが，協力しながら学校生活を送っていけたらよいよね。
美紀：それだったら，
□
雅美：それはよい考えだね。さっそく先生方にも相談してみようよ。

会話の□に当てはまる言葉を，美紀さんになったつもりで考えて，80字以上100字以内で書きましょう。

【問題２】 次の文章を読んで，⑴から⑶の問いに答えましょう。**答えは，解答用紙（２枚中の２）に記入しましょう。**

赤城《あかぎ》小学校では，６年生の総合的な学習の時間に，高齢化《こうれいか》社会を考える活動や高齢者《こうれいしゃ》と交流する活動を行いました。

⑴　直美《なおみ》さんたちのグループは，次のページの**図**をもとに，日本の年齢《ねんれい》別人口の変化について**話し合い**をしました。

図

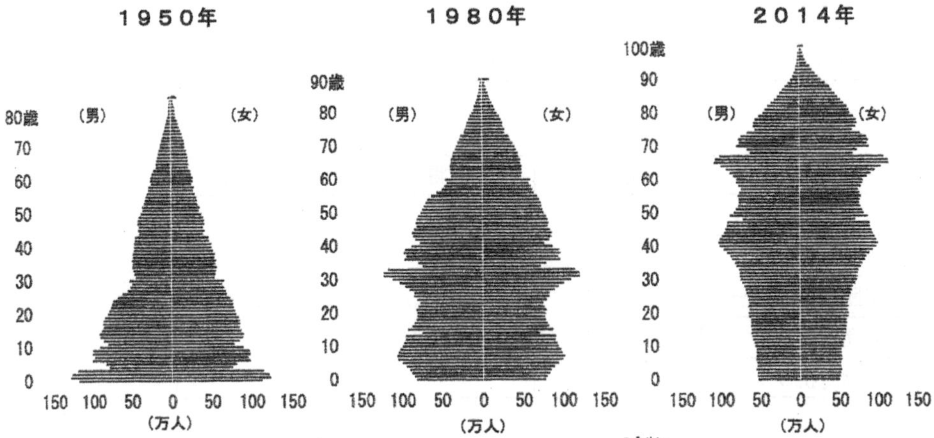

(厚生《こうせい》労働省ホームページにより作成)

話し合い

直美：**図**を見て，どんなことに気づいたかな。
健太《けんた》：どの年も，男女でそれほど大きな違《ちが》いはないみたいだね。
愛理《あいり》：1950年は，年齢の低い人たちが多く，山のような形になっているね。
健太：1980年は，30歳《さい》あたりの人口が一番多いよね。それから，7歳以下では，年齢が低いほど人口が少なくなっていることが気になったよ。
2014年は，

ア

直美：**図**にはないけれど，このままいくと，2050年はどうなっているかな。
愛理：2050年は，

イ

図をもとに，**話し合い**の ア ， イ に当てはまる言葉や数字を，それぞれ健太さん，愛理さんになったつもりで考えて，40字以上60字以内で書きましょう。

⑵ 美保《みほ》さんたちのグループは，赤城市役所福祉課《ふくしか》の大竹《おおたけ》さんに，高齢化社会について次のような**取材**を行いました。

取材

美保：今日は，赤城市の高齢化社会についての取材にうかがいました。まずは，赤城市の5年前と現在の総人口を教えてください。
大竹：2012年の総人口は68050人で，2017年の総人口は67540人です。
太郎《たろう》：では，65歳以上の高齢者人口についても教えてください。

大竹：2012年の高齢者人口は19014人で，2017年の高齢者人口は20411人です。総人口に占《し》める65歳以上の人口の割合《わりあい》である高齢化率については，2012年が27.9％で，2017年が30.2％です。
さらに2022年には，2017年より総人口が790人減少し，高齢者人口が1750人増加すると予測されています。
太郎：高齢化が進んでいくのですね。
大竹：赤城市では，一人暮《く》らしの高齢者が増えており，買い物や通院などで困《こま》っている方がいます。赤城市では，そうした高齢者を地域《ちいき》で支える取り組みとして，地元の公民館で交流会を行っていますが，ほかにも何か支援《しえん》できないか，検討《けんとう》しているところです。みなさんもよい考えがあったらぜひ教えてください。
美保：はい。学校に戻《もど》ってから，みんなで考えたいと思います。
大竹さんの話を聞いて，赤城市の高齢化の現状がよく分かりました。本日は，ありがとうございました。

① **取材**から帰ってきた美保さんたちは，大竹さんの話をもとに，2012年から2022年までの人口や高齢化率の変化を**表**にまとめました。**表**の ア ， イ にあてはまる数字を書き，**表**を完成しましょう。

表

	2012年	2017年	2022年
総人口	68050 人	67540 人	66750 人
高齢者人口	19014 人	20411 人	ア 人
高齢化率	27.9 ％	30.2 ％	イ ％

② 高齢者を地域で支える取り組みとして，市に提案したい考えを，**取材**の内容をふまえて，書きましょう。

(3) 拓也《たくや》さんたちのグループは，高齢者を招いて，一緒にレクリエーションをするために，次のような**話し合い**をしました。

話し合い

拓也：お年寄りは，どんなレクリエーションをすれば喜んでくれるのかな。
知美《ともみ》：昔の遊び道具を使って交流するというのはどうかな。
綾乃《あやの》：それはよい考えだね。わたしのおばあちゃんは，子供の頃《ころ》，よくお手玉で遊んでいたと言っていたわ。
拓也：お手玉って，いろいろな遊びに使えそうだね。
勇太《ゆうた》：それなら，お手玉を使ったレクリエーションを考えようよ。せっかくだから，お手玉を手作りして，レクリエーションが終わったら，プレゼントしようよ。
綾乃：それはよい考えだね。おばあちゃんからお手玉の作り方を教わってくるね。
勇太：ところで，お年寄りは，何人来てくれるのかな。
拓也：ぼくたちのグループには，8人来てくれるそうだよ。

知美：来てくれた方みんなが喜んでくれる，よいレクリエーションにしたいね。

① 綾乃さんは，おばあちゃんからお手玉の作り方を教わり，**作り方（手順）**をまとめました。**手順３の説明**を書きましょう。

作り方（手順）
（準備するもの：布，針《はり》，糸，つめ物，鈴《すず》）

手順１	手順２	**手順３**	手順４
布のうらがおもて側になるように布を半分に折り，長辺をぬって筒状《つつじょう》にする。	筒《つつ》の下側をぬい，糸を引っ張ってしぼった後，玉どめをする。	**説明**	糸を引っ張ってしぼった後，糸は切らずに鈴をぬいつけ，玉どめをする。
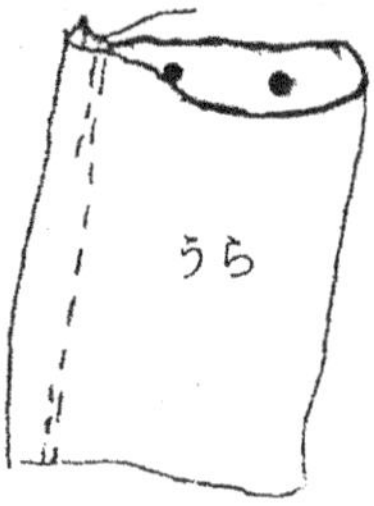	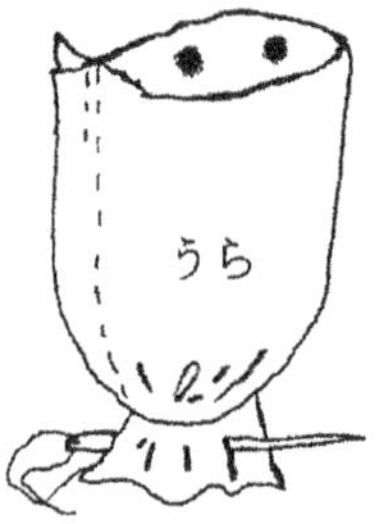		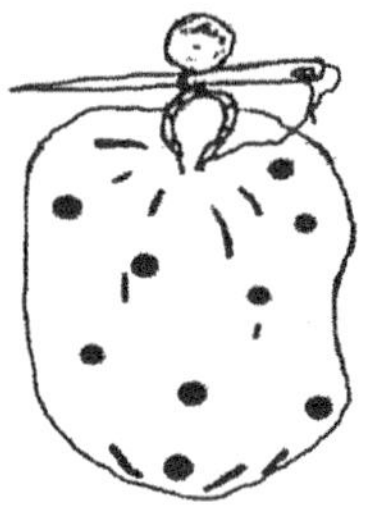

② 拓也さんたちは，レクリエーションで使うお手玉を作ることになりました。布と鈴以外は用意されています。下の**条件**にしたがって作るとき，お手玉は最大何個作れますか。また，そのときにかかる費用を書きましょう。

条件

・予算は2000円以内とする。
・店で売られている布は，95cm×30cmで，１枚420円で購入《こうにゅう》できる。
・お手玉１つに使う布は，18cm×12cmとする。
・鈴は１つのお手玉に１つぬいつける。
・鈴は１ふくろ10個入りで，１ふくろ180円で購入できる。
・布が余っても，ぬい合わせることはしない。
・消費税は値段《ねだん》にふくまれているものとし，計算する必要はない。

③ 拓也さんたちは，お手玉を使ったレクリエーションを行うための**計画書**を書くことにしました。どのようなレクリエーションをするかを，拓也さんになったつもりで考えて，［ア］にレクリエーション名を，［イ］にその遊び方の説明を60字以上80字以内で書きましょう。なお，使うお手玉の個数は自由とし，お手玉以外の道具を使ってもよいものとします。

計画書

1　＜活動日時＞

○月○日　○時間目

2　＜参加者＞

小学生４名（拓也，知美，綾乃，勇太），高齢者８名

3　＜レクリエーション名＞

ア

4　＜レクリエーション（遊び方）の説明＞

イ

5　＜用意するもの＞

【適性検査Ⅱ】（45分）

【問題】 次の学級会での会話文を読み，資料を見て以下の(1)，(2)の問いに答えなさい。

計画委員：私たちの学級のしょうかい記事が今度の学校新聞にのることになりました。先月号の５年２組の記事は林間学校のことなどがのっていて，たくさんのお父さんやお母さんから「学校のことがよく分かる」とほめられたそうです。今回の記事も６年１組のよさがよく伝わるものにしたいと思います。担任の清水先生からも小学校最後の３学期をよりよくするために，今までの生活をふり返って，学級のみんなでがんばりをみとめあえるようにとお話がありました。
そこで，先週みなさんに１・２学期をふり返ってどんな記事がよいかアンケートをとったところ，グラフのようになりました。今日はどんな記事をのせるか学級会で決めたいと思います。それでは，みなさんに意見を出してもらいたいと思います。意見のある人は手をあげてください。

こうた：全校でやった長なわとび大会の記事が良いと思います。みんなで気持ちを一つにしてがんばることができました。今までの行事で一番もり上がっていたと思います。

ゆうか：私はクラスで育てた野菜をみんなで食べたしゅうかく祭を記事にするといいと思います。野菜が苦手な子も楽しく食べられたので良かったと思います。

あゆむ：ぼくは遠足についての記事をのせるといいと思います。バスの中でやったレクリエーションは，みんなとても楽しそうだったし，登山では，はげまし合って山ちょうまで登ることができたからです。

まい：アンケート結果としては５人と少なかったのですが，私は，行事のことより毎日の授業でがんばったことを記事にすると良いと思います。グループ学習で教えあいながら問題を解いたり，発表資料を作ったりして，みんなで協力して勉強すると，むずかしいことも楽しく感じたからです。

計画委員：他に意見がありますか。意見がないようなので，これでしめ切りたいと思います。この後どうやって意見をまとめますか。だれか意見を言ってください。

資料 アンケート結果

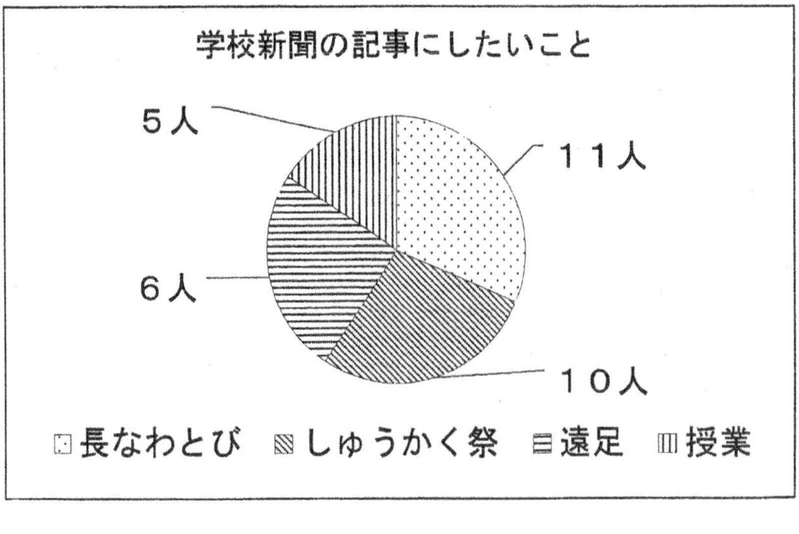

⑴　あなたなら，この後どのような意見を言ってこの話し合いをまとめますか。意見を141字以上180字以内で書きましょう。

⑵　⑴のあなたの意見をもとに右のような学校新聞に記事を書くとすると，あなたならどのような記事の案を書きますか。記事に見出しをつけ，本文を書きましょう。

　あなたの学校での体験などをもとに登場人物や出来事を想像して書きましょう。

資料　学校新聞

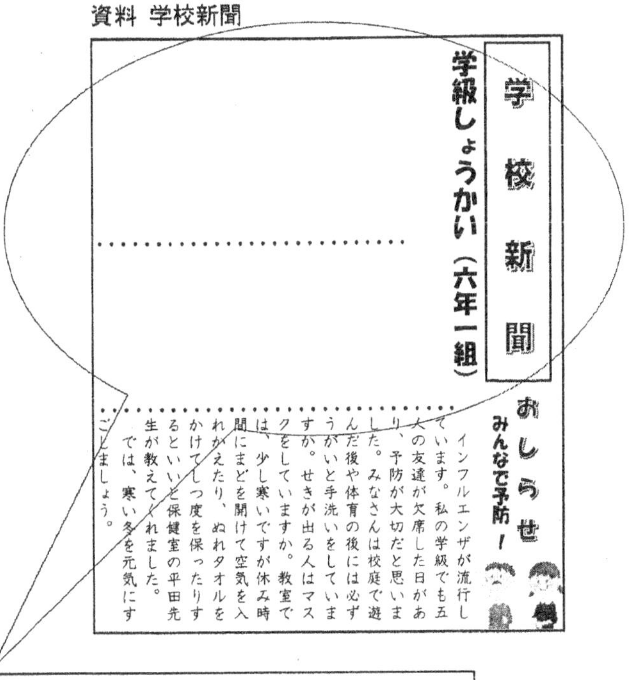

学校新聞

学級しょうかい（六年一組）

おしらせ

みんなで予防！

インフルエンザが流行しています。私の学級でも五人の友達が欠席した日がありました、予防が大切だと思いました。みなさんは校庭で遊んだ後や体育の後には必ずうがいと手洗いをしていますか。せきが出る人はマスクをしていますか。教室では、少し寒いですが休み時間にまどを開けて空気を入れかえたり、ぬれタオルをかけてしつ度を保ったりするといいと保健室の平田先生が教えてくれました。
　では、寒い冬を元気にすごしましょう。

学級しょうかい（六年一組）

《条件》

① 三つの資料をすべて使うのではなく、自分で選んだ二つの資料を関連づけて書くこと。（選んだ資料の記号を解答用紙に書くこと。）
② 作文にふさわしい題名を考えて書くこと。
③ 自分の体験と結びつけて書くこと。
④ 四百字以上、六百字以内にまとめて書くこと。

出典・石塚麻衣編（2017）『泣けるいきもの図鑑』学研プラス．
・子供の科学編集部編（2014）『消えゆく野生動物たち－そのくらしと絶滅の理由がわかる絶滅危惧種図鑑』（子供の科学★サイエンスブックス）誠文堂新光社．
・阿部毅（2005）『おどろきと感動の動物の子育て図鑑②』今泉忠明ほか監修、学習研究社．

平成三〇年度

市立太田中学校入試問題

【作　文】（四五分）

【問題】 次のA、B、Cの三つの資料に書かれていることをよく読んでから、あとの【課題】に答えましょう。

A

百獣《ひゃくじゅう》の王とも呼ばれるライオン。ふだんは1～3頭のおすを中心に、めすと子どもたちで「プライド」という群れを作ってくらしています。そして、めすが協力してかりをし、おすはプライドを守ります。

おすは、なわばりに入ってきた他のおすライオンと戦いますが、その相手は放浪《ほうろう》している若くてたくましいおすということもあります。

この戦いでプライドのおすが負けると、相手にプライドを乗っ取られ、もとのおすは追い出されます。その結果、ひとりぼっちになり、えものをとらえることもできず、すぐに死んでしまうこともあるようです。また、乗っ取られたプライドでは、たいてい新リーダーがもとのリーダーの子どもをすべて殺します。

B

アライグマという一見《いっけん》かわいらしい動物がいますが、実は気しょうがあらくて、飼うのに向いていません。１９７０年代から放映が始まったアニメで人気が出て、ペットとして日本に持ちこまれました。見かけとは違って飼いづらいため、野外に逃《に》がされるなどした結果、すっかり定着し、分布域《ぶんぷいき》が広がっています。日本の生態系への適応能力が高いため、日本のほとんどの都道府県で見られる動物になりました。人家《じんか》の屋根に巣を作って、子育てをすることもあります。畑でトウモロコシやスイカなどの農作物を食いあらす被害《ひがい》も増えています。サワガニなどの日本にもとからいた「在来種《ざいらいしゅ》」を食べてしまうこともあり、生態系への被害が広がっています。

C

ブチハイエナは、ライオンなどが食べ残したえものの肉を、このんで食べるため、「草原のそうじ屋」と呼ばれていました。

しかし、近ごろでは研究が進み、自分たちでもさかんにかりをして、えものをつかまえていることがわかりました。

ブチハイエナは、仲間どうしのつながりがとくに強い動物です。自分より大きなえものでも、仲間全員で力を合わせて、たおしてしまいます。

また、ケガをしたり年をとったりして、かりができなくなったもののために、ちゃんと食べ物を残しておいてあげたり、何かの理由で、お母さんがいなくなってしまった子どもには、別のお母さんが、おちちを分けてあげたりすることがあります。これらは、他の動物にはあまり見られない行動です。

【課題】

あなたが資料を読んで、考えたことを次の**《条件》**にしたがって書きましょう。

平成29年度

群馬県公立中等教育学校・中学校入試問題

【適性検査Ⅰ】（45分）

【問題１】 次の文章を読んで，⑴から⑸の問いに答えましょう。**答えは，解答用紙（２枚中の１）に記入しましょう。**

６年生の和夫《かずお》さんと由美《ゆみ》さんは，学級活動の時間に，夏休みにがんばりたいことについて**話し合い**をしています。

話し合い

和　夫：由美さんは，夏休みにどのようなことをしたいと思っていますか。
由　美：わたしは，ボランティア活動をしたいと思っています。
和　夫：どのようなボランティア活動をしようと思っていますか。
由　美：老人ホームに行って，仕事を手伝ったり，入所しているお年寄りの方に楽しんでもらったりしたいと思っています。和夫さんは，どのようなことをしたいと思っていますか。
和　夫：ぼくは，理科の自由研究をしたいと思っています。
由　美：どのような研究をしたいと思っていますか。
和　夫：ぼくは，氷のとけ方について調べようと思っています。
由　美：なぜ氷のとけ方について調べようと思ったのですか。
和　夫：ぼくは，かき氷が好きだけれど，暑いと早くとけてしまうので，氷がとけにくくなる方法を知りたいと思ったからです。
由　美：おたがいに有意義な夏休みになるといいですね。

⑴　由美さんは，住んでいる地域《ちいき》にある老人ホームへ電話をして，ボランティア活動ができるかどうかをたずねることにしました。訪問《ほうもん》したい日時は**メモ**のとおりです。話し合いの内容とメモをもとにして，由美さんになったつもりで考えて，**電話の内容**の ① ， ② に当てはまる文章を書きましょう。

メモ

＜訪問したい日時＞　８月９日（火）８時～14時の間

電話の内容

職　員：はい。こちらは，老人ホームひまわりです。
由　美：こんにちは。わたしは，つつじ小学校６年の山田由美といいます。
職　員：どのようなご用件でしょうか。
由　美：①

職　員：いいですよ。
　　　　職員も助かるし，お年寄りの方も感謝してくれると思いますよ。
由　美：［　　②　　］
職　員：はい。その日時でだいじょうぶです。
由　美：ありがとうございます。

⑵　由美さんは，友達の加菜《かな》さん，京子《きょうこ》さんといっしょにボランティアとして訪問することになった老人ホームのお年寄りに，紙で作った小物入れをプレゼントすることにしました。**図１**は，由美さんたちが作ろうとしている小物入れの完成図です。由美さんは，組み立てるための図をかこうとしています。**図２**には，側面の１つと組み立てる時に使うのりしろの１つがかきこんであります。下の**注意すること**にしたがい，**図２**の側面に続けて，図を完成させましょう。

図１

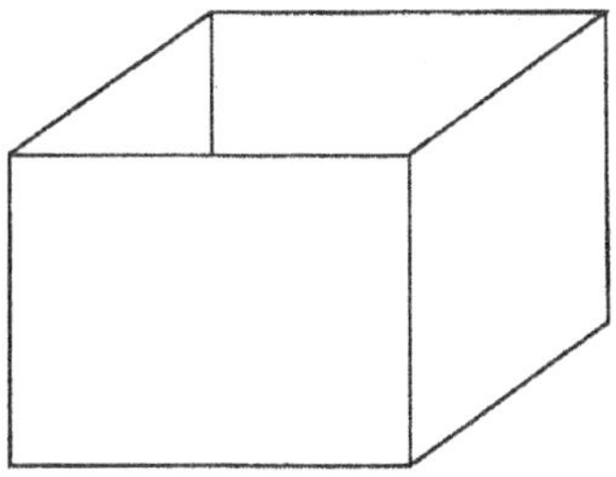

図２

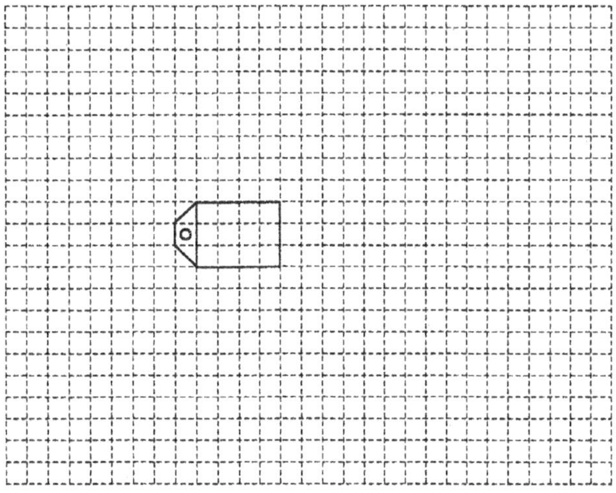

注意すること

・ふたはつけない。
・底面は正方形とする。
・面どうしをつなげるところには，のりしろをつける。
・のりしろとなる部分には，真ん中に○印をつける。
・のりしろの数は，できるだけ少なくする。

⑶　次の**会話**は，由美さんたちが老人ホームでのボランティア活動が終わって帰る時のやりとりの一部です。

会話

（ボランティア活動が終わって）
お年寄り：今日はありがとう。とても楽しかったよ。

由　　美：喜んでもらえて，とてもうれしいです。

お年寄り：いつも子どもたちの元気なすがたを見ると，こちらも元気が出るよ。でも，昔と比べると，道で会ってあいさつをしても，返事をしてくれない子が増えたような気がするね。もっと元気にあいさつをしてくれたらうれしいね。

由　　美：分かりました。

（老人ホームの職員にお礼を述べて，家に帰る道で）

加　　菜：ボランティアは初めてだったけれど，楽しかったね。

京　　子：そうだね。お年寄りの方に喜んでもらえて，よかったね。

由　　美：でも，お年寄りの方が言っていた，あいさつについてはどうすればいいのかな。

由美さんは，「あいさつをしても，返事をしてくれない子が増えたような気がするね。」とお年寄りに言われたことを受けて，これから何かできることはないか考えました。由美さんになったつもりで，考えたことを100字以上120字以内で書きましょう。

⑷　和夫さんは，氷のとけ方について実験をすることとし，実験の目的や準備，予想などを**ノート**にまとめました。

ノートの一部

氷のとけ方について

＜実験の目的＞

容器によって，氷のとけ方にちがいがあるのかを調べる。

＜実験の準備＞

氷，６種類の容器（ガラス，紙，とう器，発ぽうスチロール，ステンレス，プラスチック），温度計，時計

＜実験の進め方＞

６種類の容器（ガラス，紙，とう器，発ぽうスチロール，ステンレス，プラスチック）に氷を入れて，氷がとけて見えなくなるまでの時間を計り，記録する。

＜予想＞

容器	時間	容器	時間
ガラス	２０分	発ぽうスチロール	５０分
紙	４５分	ステンレス	２５分
とう器	４０分	プラスチック	３５分

・ガラスは，とう明なので光と熱をよく通して，氷が早くとけると思う。

・紙は，新聞紙に保温効果があると聞いたので，氷が長持ちすると思う。

・とう器は，茶わんやコーヒーカップに使われているので，氷が長持ちすると思う。

・発ぽうスチロールは，お祭りのかき氷の容器にも使われることがあるので，氷が長持ちすると思う。

・ステンレスは，金属なので熱をよく通して，氷が早くとけると思う。

・プラスチックに入れた氷は，金属と紙の間くらいの時間でとけると思う。

> ※　実験の準備や進め方で注意すること
> ①
> ②

和夫さんは，実験の条件をそろえるために，実験の準備や進め方で注意することを**ノート**の中の［　］の①②に書こうとしています。和夫さんになったつもりで考えて，**2つ**書きましょう。

(5)　和夫さんは，**ノートの続き**に実験の結果と分かったことなどをまとめました。

ノートの続き

＜実験の結果＞

容器ごとの，氷がとけて見えなくなるまでの時間

容器	時間	容器	時間
ガラス	1時間１１分	発ぽうスチロール	1時間４４分
紙	1時間２４分	ステンレス	1時間１１分
とう器	５３分	プラスチック	1時間３２分

＜分かったこと＞

・［　①　］

・すべて予想より長持ちして，1時間以上とけないものが5つあった。

・予想とはちがい，とう器に入れた氷が一番早くとけた。

・ガラスとステンレスに入れた氷は，同じ時間でとけた。

＜さらに調べてみたいこと＞

［　②　］

ノートの続きの［①］，［②］には，和夫さんが実験の結果をまとめる中で，分かったこととさらに調べてみたいことがそれぞれ入ります。実験の目的をふまえ，和夫さんになったつもりで考えて書きましょう。

【問題２】　次の文章を読んで，(1)から(4)の問いに答えましょう。**答えは，解答用紙（２枚中の２）に記入しましょう。**

あさま小学校では，6年生の総合的な学習の時間に，環境《かんきょう》問題を取り上げ，「地球にやさしい暮《く》らし」について，グループで考える活動を行いました。

(1)　里美《さとみ》さんたちのグループは，地球の大気の温度や海水の温度が高くなる現象である「地球温暖《おんだん》化」について調べました。その中で，地球温暖化の原因となる二酸化炭素のはい出量について，次のページの**図**や**表**をもとに**話し合い**をしました。

図　世界の二酸化炭素はい出量（総合計329億トン）の国別のはい出量の割合《わりあい》（2013年）

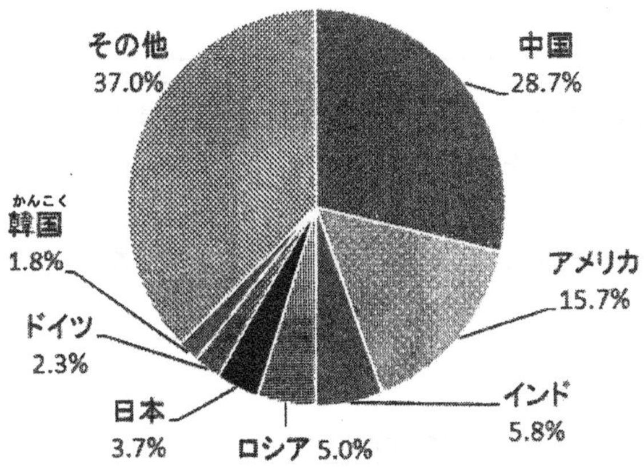

表　国民１人あたりの二酸化炭素はい出量（2013年）

国　名	はい出量（トン）
中　国	7.0
アメリカ	16.4
イ ン ド	1.5
ロ シ ア	11.6
日　本	9.7
ド イ ツ	9.2
韓　国《かんこく》	11.6

（EDMC エネルギー・経済《けいざい》統計要覧《ようらん》2016年版／全国地球温暖化防止活動推進《すいしん》センターホームページにより作成）

話し合い

里　美：**図**や**表**を見て，気づいたことをあげてみましょう。
直《なお》　子《こ》：二酸化炭素の国別のはい出量の割合《わりあい》を見ると，中国が28.7％で一番多いよ。
友《とも》　紀《き》：でも，中国は，［　①　］
直　子：本当だ。いろいろな角度から見る必要があるね。
里　美：日本国内の二酸化炭素のはい出量を減らす努力をすれば，地球の温暖化は止められるかな。友紀さんはどう思いますか。
友　紀：［　②　］

①　**図**や**表**をもとに，**話し合い**の［①］に当てはまる文を，考えて書きましょう。

②　**話し合い**の［②］に当てはまる文章を，友紀さんになったつもりで考えて，80字以上100字以内で書きましょう。

⑵　ありささんたちのグループは，地球にやさしい発電（電気の作り方）について発表しようと思っています。そこで，分担《ぶんたん》して次のページのような**図**や**表**と**発表原こう**をつくりました。**発表１，２，３**の順で発表します。**発表３**は，**発表１，２**をふまえて，まとめの発表とします。**発表３**では，どのような発表をしますか。ありささんになったつもりで**発表原こう**を考えて，100字以上120字以内で書きましょう。

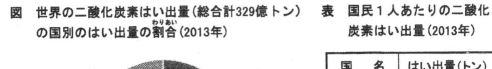

【発表１】

図　日本における発電に使われるエネルギー資源《しげん》の割合（2015年度）

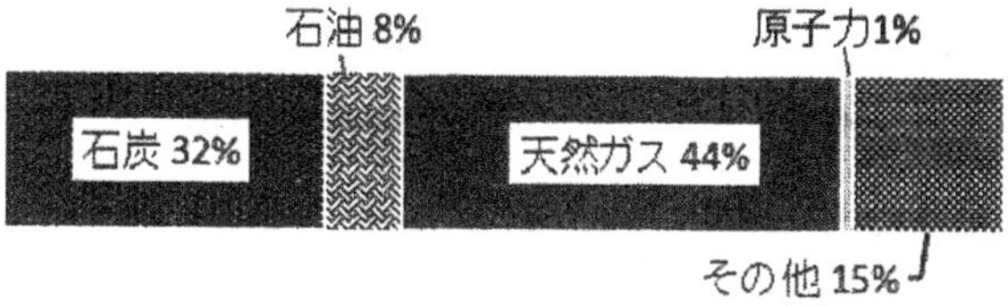

（自然エネルギー財団ホームページにより作成）

（発表原こう）

2015年度，日本で発電に使われたエネルギー資源《しげん》は，石炭，石油，天然ガスが全体の 80 %以上をしめています。石炭，石油，天然ガスは，発電のための燃料として使われ，燃やすと地球温暖化の原因となる二酸化炭素を発生します。

【発表２】

表　世界における石炭，石油，天然ガスの確認《かくにん》されたまい蔵《ぞう》量※1　（2014年末）

	確認されたまい蔵量	このまま使い続けた場合のなくなるまでの年数※2
石　炭	8915億トン	110年
石　油	1兆7001億バレル ※3	53年
天然ガス	187兆m³	54年

（資源エネルギー庁《ちょう》ホームページにより作成）

※1　まい蔵量は，地中などにうまっている量

※2　このまま使い続けた場合のなくなるまでの年数
　＝確認されたまい蔵量÷年間生産量

※3　バレルは石油の量を表す単位

（発表原こう）

発表１の中で，石炭や石油，天然ガスが発電に多く利用されていることを示しました。それらのまい蔵《ぞう》量を調べた結果，表のようにどの資源にも限りがあることが分かりました。石炭でも，あと 100 年くらいでなくなってしまいます。

【発表３】

表　日本における自然エネルギー（太陽光，風力，水力）による発電量（億kWh※）

年度	2010	2011	2012	2013	2014	2015
太陽光	14	22	69	94	194	313
風　力	41	46	46	50	50	54
水　力	858	863	787	801	823	874

（自然エネルギー財団ホームページにより作成）

※　億kWhは発電量を表す単位

（発表原こう）

(3) 正人《まさと》さんたちのグループは，照明をLED電球（発光ダイオード）に交かんすると省エネルギー（省エネ）になると知り，LED電球について調べました。

その中で，ある電気店の広告を見て，白熱電球とLED電球のねだんと寿命《じゅみょう》（使える期間）を**表**にまとめたところ，LED電球の方が白熱電球より安くすむと考えました。その理由を，**表**をもとにして，言葉や式で説明しましょう。

ただし，消費税はねだんにふくまれているものとし，計算する必要はありません。

表

	ねだん	寿命《じゅみょう》（使える期間） ※1日６時間使用した場合
白熱電球	２個で　６００円	１個あたり　６か月
ＬＥＤ電球	１個　２０００円	１個あたり　１０年

(4) 広希《ひろき》さんたちのグループは，「ごみ問題」について調べ，調べたことを**メモ**にまとめました。

メモ

・日本人は，1人あたり１日に約１kgのごみを出している。
・燃やせるごみは焼却《しょうきゃく》場で燃やし，出た灰《はい》や燃やせないごみはうめ立てられる。
・灰や燃やせないごみをうめ立てる処分《しょぶん》場が，近い将来《しょうらい》不足する。
・ごみを減らす取り組みとして，「３Ｒ」運動がすすめられている。

３Ｒの分類
リデュース（使う資源やごみの量を減らすこと）
リユース（ものをくり返し使うこと）
リサイクル（使い終わったものを資源として再び利用すること）

① **メモ**の中の「３Ｒ」について，あなたが取り組めることを，それぞれ１つずつ書きましょう。

② 広希さんたちは，学習のまとめとして，ごみの減量を呼《よ》びかけるチラシを作成することにしました。チラシは見出しと本文で構成します。**メモ**をもとにして，広希さんになったつもりで考えて，**チラシの原こう**を書きましょう。ただし，本文は80字以上100字以内で書きましょう。

チラシの原こう

（見出し）

（本文）

※　2回目

ナレーション　以上で、放送を終わります。受検生は、問題一と問題二に解答してください。

【問題一】

先生からの最後の投げかけに対し、あなたはどう考えますか。なおとさんの発言をふまえながら、あなたの考えを百二十字以上百四十字以内で書きましょう。

【問題二】

今、あなたが学校生活の中で感じている具体的な問題点を一つあげ、それをどのように解決していきたいか、中村さんの生き方をふまえて、三百字以上四百字以内で書きましょう。

【適性検査Ⅱ】（四五分）

これから、あるクラスでの道徳の時間の様子が放送されます。放送は二回流れます。放送を聞きながら、メモをとってもかまいません。
放送が始まるまで、【問題一】と【問題二】を読んでいてください。

〈放送台本〉

ナレーション　これから、放送を始めます。道徳の時間に先生がある人物について話し、その後に学級で意見交換《かん》をします。

先　生　今日は、中村哲《てつ》さんという人物の話をします。よく聞いてください。
中村さんは、30年という長い間、アフガニスタンやパキスタンという国に滞在《たいざい》しています。アフガニスタンやパキスタンは、争いごとが長く続いている地域《ちいき》です。そして、その地域に住んでいる人びとの生活を支えるために、全長25kmにもなる用水路を掘《ほ》った方です。さて、中村さんの仕事は何だと思いますか。
実は、中村さんは医者なのです。用水路を掘ることは医者の仕事なのでしょうか。くわしく説明しますね。中村さんは医者として、その地域の人びとのために、診療《しんりょう》所で医療《いりょう》活動を行っていました。ところが、目の前の患《かん》者をいくら治療しても、診療所を訪《おとず》れる患者の数は減りません。どうしたらよいのかと中村さんは考えました。
その結果、きれいな飲み水と十分な作物があれば、多くの病気は防ぐことができるという考えにいたりました。病気のもとをなくし、人びとが健康に生き続けるための根本的な解決方法が、用水路を掘ることだったのです。「百の診療所より、一本の用水路」こんな言葉を中村さんはおっしゃっています。
さて、この話を聞いてみなさんはどう思いましたか。

ま　み　はい。

先　生　まみさん、どうぞ。

ま　み　わたしは、中村さんが海外の危険《きけん》な地域に行って、医療活動をしていることがすばらしいと思いました。なぜなら、日本をはなれて活動するのは不安だし、勇気がいることだと思うからです。

先　生　なるほど。ほかにどうですか。

なおと　はい。

先　生　なおとさん、どうぞ。

なおと　ぼくは、医者の仕事は、目の前の患者さんと向き合って病気を治すことであると思っていました。だから、病気をなくすために用水路を掘るという中村さんの考えには、おどろきました。

先　生　なるほど。
では、「百の診療所より、一本の用水路」と言った中村さんの生き方について、みなさんはどう考えますか。

ナレーション　もう一度、放送します。

平成29年度

市立太田中学校入試問題

【作　文】（45分）

【問題】　次の資料は，三つの国のある小学校について書かれたものです。ある日の「時間割」と，それぞれの小学校に通う子どもたちの「学校についての話」です（※日本の小学４年生～６年生くらいの子どもたちです）。あなたがこれらの資料を読んで考えたことを，次のページの【条件】で書きましょう。

【アメリカの小学校】

「時間割」

	８：００～　８：１０	国旗の時間 ※1
1	８：１５～　９：１５	音楽
2	９：１５～１０：１５	算数
	１０：１５～１０：３０	休み時間
3	１０：３０～１１：３０	スピーチ
4	１１：３０～１２：３０	スペリング（英語）
	１２：３０～１３：１５	昼食（弁当）
5	１３：１５～１４：１５	コンピューター

※１　アメリカでは、たくさんの人種や民族がいっしょにくらしています。この学校では、朝、国旗に向かって忠誠《ちゅうせい》のちかいを行います。それは、たくさんの人種や民族の心を一つにまとめるためです。

「学校についての話」

○スピーチの授業では、テーマについて、自分の意見や調べたことを、クラスのみんなの前で発表するの。スピーチが終わるとみんなで、スピーチのよかったところや悪かったところを話し合うのよ。人のまねをしないで、自分の意見を堂々と大きな声で発表することが大切にされるよ。

○「飛び級」と言って、成績がとてもよい子はどんどん上の学年に進級できるよ。

○放課後になると、そうじをしてくれる人が来るので、わたしたちはそうじをしないのよ。

【ケニアの小学校】

「時間割」

1	８：２０～　８：５５	英語（公用語）※2
2	８：５５～　９：３０	算数
	９：３０～　９：５０	休み時間
3	９：５０～１０：２５	理科
4	１０：２５～１１：００	社会
	１１：００～１１：３０	休み時間
5	１１：３０～１２：０５	体育
6	１２：０５～１２：４０	工作
	１２：４０～１４：００	昼食（自宅に帰る）
7	１４：００～１４：３５	宗教
8	１４：３５～１５：１０	スワヒリ語（国語）

※２　ケニアでは、スワヒリ語が国の言葉ですが、おおやけの場では英語を使用することが多く、公用語として勉強します。

「学校についての話」

○教科書は全員でまわし読みして使うので、家に持って帰れないの。家でゆっくり英語の教科書を読みたいな。

○わたしは１２才だけど、学校に入学するのがおそかったから小学４年生だよ。わたしのクラスは１０才～１３才ぐらいまでのいろいろな年齢《ねんれい》の子がいるんだよ。

○わたしは、朝５時半に起きて羊の放牧の仕事をするよ。家に帰ったらそうじをして、弟の体を洗ってあげるの。それから学校に行くよ。放課後は、まきを拾いながら家に帰るんだ。家に着くと、水くみやおつかいに行くよ。

【条件】
①一行目から本文を書き始め，400字以上600字以内で書くこと。
②あなたのふだんの生活と比べて気づいたことをもとに，自分の考えを書くこと。
　※取り上げる国や内容は，一つでも複数でもかまいません。

【インドの小学校】

「時間割」

	8：00～8：20	英字新聞を読む時間
1	8：45～9：15	英語（準公用語）
2	9：20～9：50	暗算
3	9：55～10：25	ヒンディー語（公用語）
4	10：30～11：00	環境・地球科学
	11：00～11：20	休み時間
5	11：20～11：50	算数
6	11：55～12：25	算数
7	12：30～13：00	図工
8	13：05～13：35	図工
9	13：40～14：10	コンピューター

※３　インドでは、国の経済がものすごい勢いで発展しています。大きなホテルや高級車も街中でたくさん目にします。一方で、十分に学校に通えない貧しい人も大勢います。お金を持っている人と持っていない人の差は、日本とは比べものにならないほど大きいです。

「学校についての話」

○ぼくの学校は私立の小中一貫校で、すべての授業が英語で行われているよ。放課後は週に３日、学習塾《じゅく》へ行っているよ。インドでは学力の差が、将来の仕事や収入の差につながってしまうことが多いので、ぼくの親は教育にお金をたくさん使っているよ。※3

○「環境・地球科学」の授業は週に５時間あって、未来の地球をどうやって守るかを学ぶんだ。

○ぼくの学校に昼食の時間はないよ。そのかわり、休み時間はいつでも自由に、家から持ってきた軽食を食べられるよ。お昼は家に帰ってから、午後２時３０分過ぎに食べているんだ。

参考資料：【資料で取り上げた各国のおよその位置と人口】

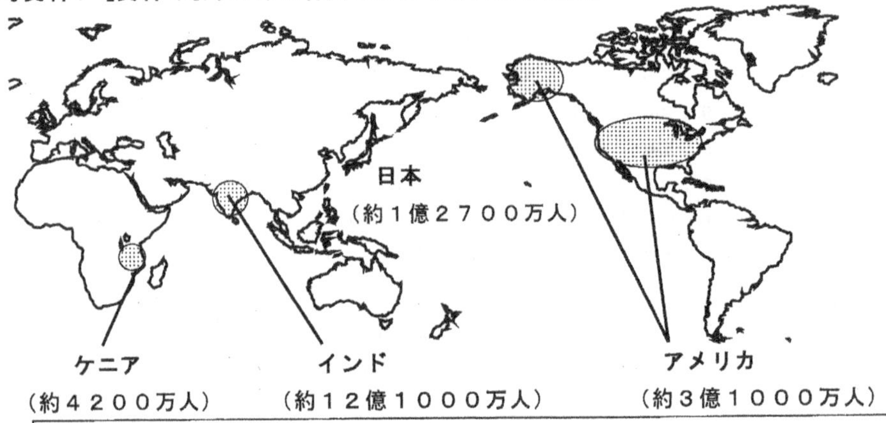

※資料にある小学校の「時間割」や「学校についての話」は、次の文献を基に作成した。
・『国際理解に役立つ　世界の衣食住８　世界の学校』小野沢 啓子　小峰書店　２００１
・シリーズ『世界のともだち』　偕成社　２０１４
（「アメリカ」鈴木 智子・「ケニア」桜木 奈央子・「インド」桃井 和馬）

平成28年度

群馬県公立中等教育学校・中学校入試問題

【適性検査Ⅰ】（45分）

【問題１】 次の文章を読んで，(1)から(5)の問いに答えましょう。**答えは，解答用紙（２枚中の１）に記入しましょう。**

日の出小学校では，毎年11月下旬《じゅん》に全校で校内絵画展《てん》を開催《さい》しています。学年ごとにテーマを決めて，一人一人が絵をかきます。作品は図工の時間を使って仕上げ，廊《ろう》下に展示します。校内絵画展には，毎年，家族や地域《いき》の方など多くの人が来校します。

(1)　６年生のテーマは「日の出小学校に感謝しよう」に決まり，６年２組では，かきたいことについて話し合うことになりました。司会を務めることになった太《た》郎《ろう》さんと花子さんは，クラス全員に小さなカードを配り，テーマに合うと思うことを書いてもらい，話し合いの前日に集めました。

　このような方法で意見を出してもらうことには，どのようなよさがありますか，３つ考えて書きましょう。

(2)　クラスのみんなからカードを集めた結果を，次のように黒板にまとめました。

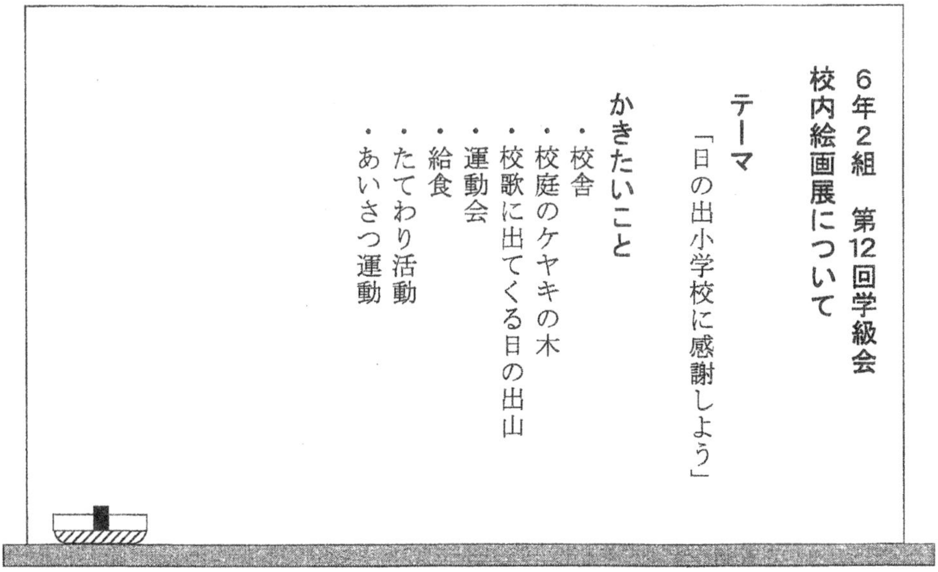

この中からかきたいことを１つにしぼるための**話し合い**が始まりました。

話し合い

太　郎：これから，かきたいことを何にするか話し合いたいと思います。意見がある人はいますか。

次　郎：ぼくは，校歌に出てくる日の出山がよいと思います。みんなで校歌を歌うと元気が出るので，歌詞に出てくる日の出山をかくのがよいと思います。

良　子：次郎さんの意見だと，見に来てくれた人にテーマが伝わりにくいと思います。
晴　美：わたしは，校庭のケヤキの木がよいと思います。いつもケヤキの木の下で友達と遊んでいました。なんだかケヤキの木が見守ってくれていたような気がします。
太　郎：ほかに意見はありますか。
健　太：ぼくは，校舎がよいと思います。

□

友　子：健太さんの意見に賛成です。その説明ならテーマに合っていると思います。
～（話し合いが続く）～

健太さんになったつもりで，□に当てはまる言葉を，80字以上100字以内で書きましょう。

(3) 話し合いの結果，校舎をかくことになり，健太さんは，かく位置を決めるために，校舎周辺を移動しました。**図１**のように，校舎の東側の点Ａから校舎に向かって見たところ，自分の影《かげ》が**図２**の矢印（→）の方向にできていることに気付きました。

図１

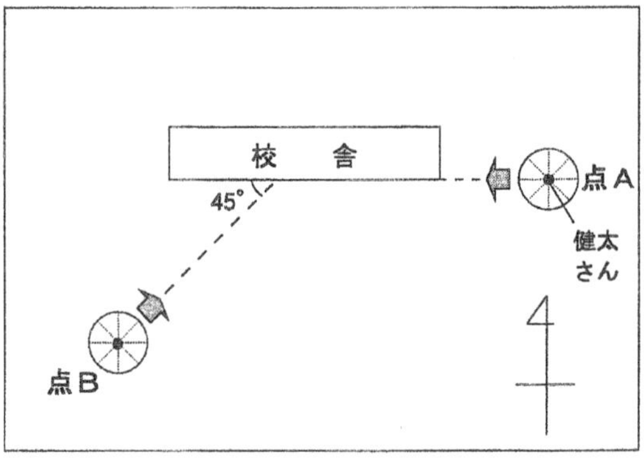

図２

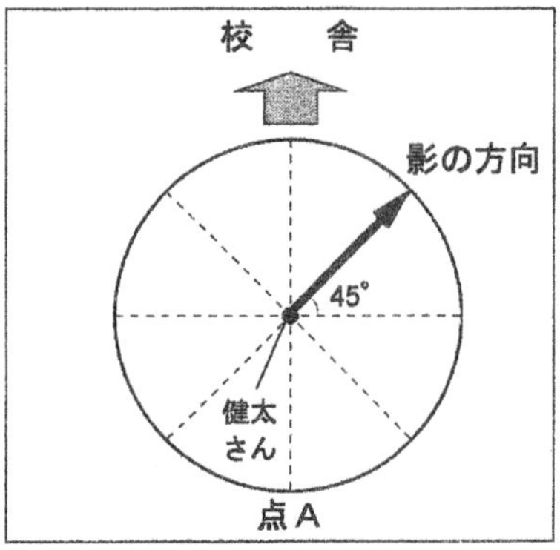

図１の点Ａから点Ｂまで移動して，矢印（⇨）の方向を見たとき，健太さんの影はどの方向にできますか。**図２**にならって矢印（→）をかきましょう。ただし，移動する間，太陽の位置は変わらないものとします。

(4) 校内絵画展のために，６年生３クラスの代表が集まり，次のような**話し合い**をしています。

話し合い

太　郎：６年生にとって，最後の校内絵画展なので，見に来た人が楽しんでくれるといいね。
かおり：わたしたちがかいた絵がテーマに合っていると思ってくれるといいな。絵の飾《かざ》り方が良かったかどうかも気になるね。
花　子：見に来てくれた人がどのように感じたのかを聞いてみたいな。
英　子：では，来てくれた人にアンケートを実施《し》するのはどうかしら。
一　郎：それはいい考えだね。だけど，どのようなアンケートにしたらいいかな。
英　子：４段《だん》階で答えられるような項《こう》目を４つくらい用意して，さらに自由に意見を書けるスペースをつけたアンケートにするのがいいと思うわ。

大　地：そうだね。それなら見に来てくれた人がどのように感じたか分かるね。

太　郎：では，アンケートを実施することにしよう。
当日まであと2か月あるので，ほかに，最上級生として各クラスで分担《たん》できることは何かあるかな。

～（話し合いが続く）～

話し合いの結果，次のような**アンケート用紙**をつくり，来てくれた人に絵を見てもらう前に配布することになりました。

アンケート用紙

6年生　校内絵画展アンケート

今日は，

よろしくお願いします。

1　当てはまるところに○をつけてください。

	よく当てはまる	当てはまる	あまり当てはまらない	当てはまらない
A 絵画展は楽しかったですか				
B				
C				
D				

2　ご意見がありましたらお書きください。

ご協力ありがとうございました。

①　**アンケート用紙**の「**今日は,**」と「**よろしくお願いします。**」の間に，アンケートに回答してくれる人への文章を，考えて書きましょう。

②　**アンケート用紙**のB～Dに当てはまるように，4段階で答えられるような項目を，考えて書きましょう。

③ 当日までの準備に当たって，最上級生として各クラスに分担してもらうことを提案するとしたら，どのような提案をしますか，考えて書きましょう。

(5) たくさんの人が来場し，無事に校内絵画展を終えることができました。アンケートの回答を集計してみると，来場してくれた多くの人が喜んでくれたことが分かりました。数人の回答の中に，次のような**意見**が書かれていました。あなたは，この**意見**に賛成ですか，それとも反対ですか。どちらかの立場を選び，その理由を80字以上100字以内で書きましょう。

意見

毎年，すばらしい作品がたくさんあるので，金賞・銀賞・銅賞のように賞をつけ，表彰《しょう》してあげるのはいかがでしょうか。

【問題２】 次の文章を読んで，(1)から(4)の問いに答えましょう。**答えは，解答用紙（２枚中の２）に記入しましょう。**

陽子さんと勇太さんは，総合的な学習の時間に米づくりについて学習をしています。

田植えの体験をしたときに，指導してくださった農家の山田さんから，昔は学校の周りにもっと田んぼがあった，ということを聞きました。そこで，田んぼが減ったことについて，図書館やインターネットを利用して調べたところ，次の**資料１～３**を見つけました。

資料１ 日本における稲《いね》の作付面積の変化

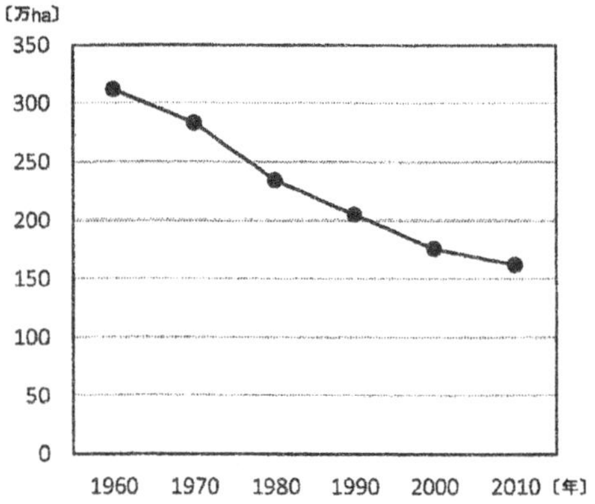

資料２ 日本人の米の消費量の変化

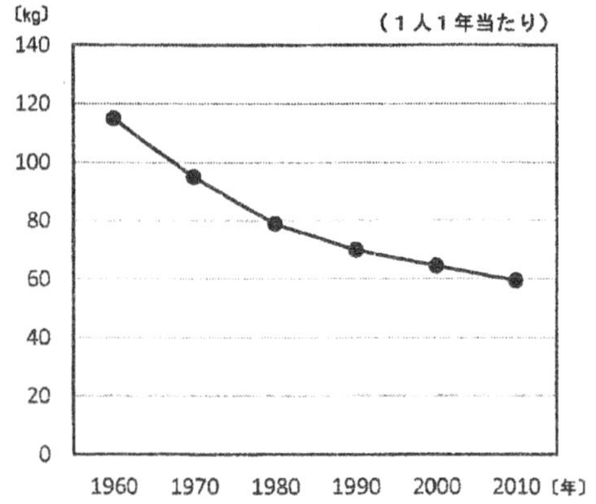

資料３ 日本人の食べ物の割《わり》合の変化

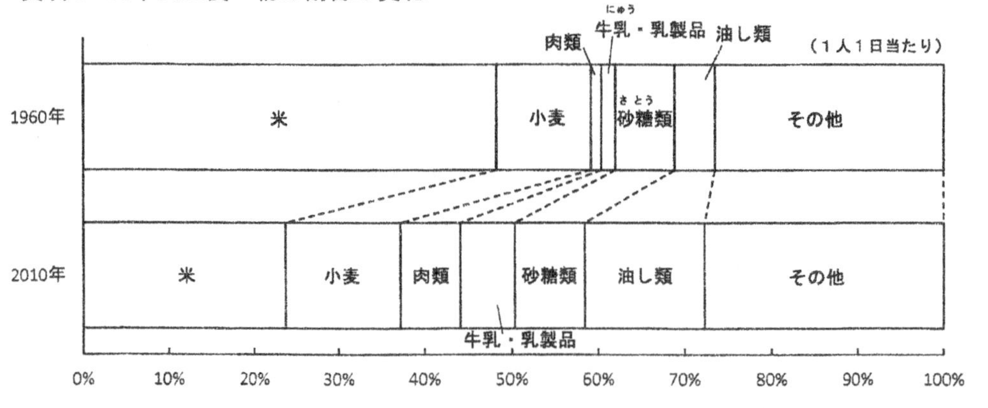

（農林水産省ホームページにより作成）

(1) 陽子さんと勇太さんは，**資料１～３**を見ながら次のような**会話**をしました。

会話

陽　子：日本における稲の作付面積の変化を表わすグラフを見つけたよ。
勇　太：稲を育てている面積が減っているね。何が原因なのかな。

資料２，**資料３**から必要な情報を読み取り，稲の作付面積が減っている原因の１つとして考えられることを，まとめて書きましょう。

(2) 収穫《しゅうかく》の時期になり，陽子さんと勇太さんは，稲かりの体験をしました。
稲かりの後，二人は山田さんと次のような**会話**をしました。

会話

山田さん：稲かりをやってみてどうだった。
勇　　太：たった１日だけど，ずっとこしを曲げていたからつかれました。
山田さん：今日は鎌《かま》を使って稲かりをしたけれど，いつもは機械を使うから，昔よりだいぶ楽になったんだよ。
勇　　太：昔の人は大変でしたね。
陽　　子：米づくりで苦労をしたことは何ですか。
山田さん：米がすずめに食べられてしまうことかな。それと，昨年は台風が来て，稲が半分くらいたおされてしまって，大変だったよ。天候の影響《えいきょう》を大きく受けるから，気をぬけないんだよね。例えば，強い風がふいた後は，稲が傷《きず》ついたり，水分不足になったりして弱るので，病気が発生しやすくなるんだよ。
陽　　子：そうですか。米づくりは苦労が多いですね。
では，米づくりをしていてよかったことは何ですか。
山田さん：自分が一生けん命に育てた米を食べて，「おいしい」って喜んでもらえることと，自分が育てた稲を収穫する喜びを実感できることかな。苦労した分，喜びが大きいんだよ。
今日収穫した米を後でとどけるから，ぜひ食べてみてよ。
陽　　子：ありがとうございます。今日のお話を聞いて，もっとくわしく調べたいことが見つかりました。
勇　　太：今日は，貴《き》重な体験をさせていただき，ありがとうございました。おかげで，たくさんのことを学ぶことができました。

陽子さんと勇太さんは，次のページのように米づくりについて**ノート**にまとめることにしました。

会話をもとに，ア ～ ウ に当てはまる内容を，考えて書きましょう。

ノート

○　稲かりの体験を通して学んだこと

ア

○　もっと調べたいこと

・　イ　について

・　ウ　について

(3)　山田さんから，収穫した米をいただいたので，陽子さんは勇太さんと一緒《しょ》に，ご飯のほかに，みそ汁《しる》と野菜いためをつくることにしました。陽子さんは，お母さんに調理の作業内容を教えてもらい，**メモ**にまとめました。

メモ

調理の作業内容

つくる料理	作業内容	かかる時間
ご　飯	○　米を洗《あら》って吸《きゅう》水させておく	
	○　ご飯をたく	２５分
	○　ご飯をむらす	１０分
みそ汁	○　だいこんと油あげを切る　・・・（あ）	１５分
	○　なべに入れた水に，にぼしをつける　・・・（い）	１５分
	○　だしをとる　・・・（う）	１０分
	○　だいこんと油あげを煮《に》る　・・・（え）	１０分
	○　みそを入れる　・・・（お）	５分
野菜いため	○　野菜を洗って切る　・・・（か）	１５分
	○　野菜をいためる　・・・（き）	１０分

※　使用できる道具：ガスこんろ２つ，ほうちょう１本

※　ご飯をたくときは，なべとガスこんろを使用し，むらし終わるまで，こんろの上に置く。

陽子さんと勇太さんは，調理をするために**メモ**を見ながら次のような**会話**をしました。

会話

陽　子：ご飯をたきながら，みそ汁と野菜いためが同時にできあがるように，二人でうまく分担してつくろうよ。

勇　太：ガスこんろが２つ，ほうちょうが１本しかないから，作業の順番を考えた方がいいね。

陽　子：まず，わたしは，だいこんと油あげを切る作業から始めるね。

勇　太：ぼくは，ご飯をたくなべを火にかけてから，別の作業をするよ。

陽子さんと勇太さんは，**（い）**～**（き）**の作業をどのように計画すればよいでしょうか。下の**計画表**の表し方**（あ）**にならって，書きましょう。

ただし，次の**条件**を満たすように考えましょう。

条件

・陽子さんと勇太さんは，同時に作業を始めなくてもよい。
・作業をしない時間があってもよい。
・みそ汁と野菜いためが同時にできあがること。
・一度加熱を始めたら料理ができあがるまで火を止めないこと。
・４５分以内で調理を終えること。

計画表

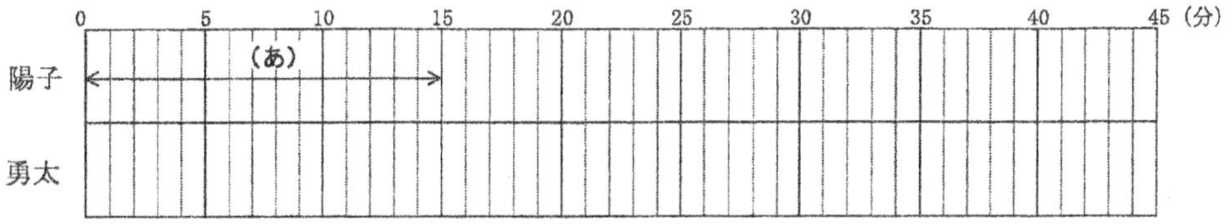

(4)　陽子さんと勇太さんは，いただいた米をおいしく食べることができたので，お世話になった山田さんに，米づくりの体験から感じたことも含《ふく》めて，お礼の手紙を送ることにしました。陽子さんや勇太さんになったつもりで，180字以上200字以内で書きましょう。

ています。みなさんの中で、どのように壁画をきれいにしたらよいか、何か考えがある人は発表してください。

ナレーション　もう一度、放送します。

※　２回目

ナレーション　以上で、放送を終わります。受検生は、問題一と問題二に解答してください。

【問題一】

司会者からの最後の投げかけに対し、あなたが発表することになりました。あなたの発表を百字以上百二十字以内で書きましょう。

【問題二】

わたしたちの身の回りにも新しいものや古いものがあります。それらとどのように関わりながら生活を送りたいか、具体例をあげてあなたの考えを、三百字以上四百字以内で書きましょう。

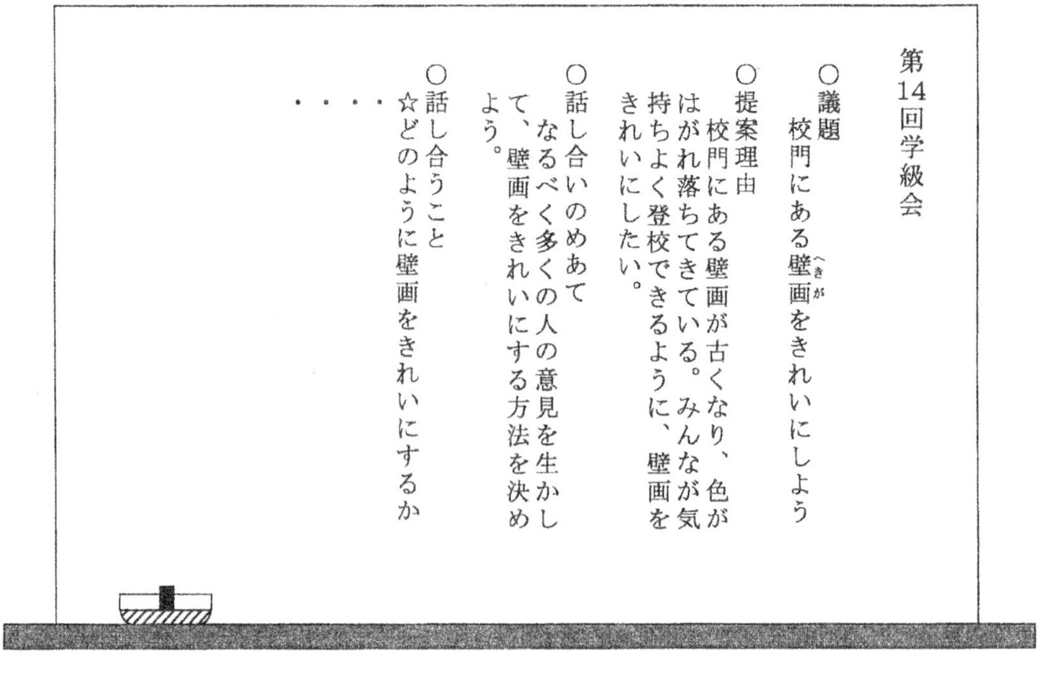
第14回学級会
○議題
校門にある壁画《へきが》をきれいにしよう
○提案理由
校門にある壁画が古くなり、色がはがれ落ちてきている。みんなが気持ちよく登校できるように、壁画をきれいにしたい。
○話し合いのめあて
なるべく多くの人の意見を生かして、壁画をきれいにする方法を決めよう。
○話し合うこと
☆どのように壁画をきれいにするか
・・・・

【適性検査Ⅱ】（四五分）

【注意】この検査では、放送を聞いて問題に答えます。放送は、検査開始から三分後に始まります。

これから、あるクラスでの学級会の様子が放送されます。放送は二回流れます。放送を聞きながら、メモをとってもかまいません。放送が始まるまで、【問題一】と【問題二】を読んでいてください。

〈放送台本〉

ナレーション　これから、放送を始めます。

司　会　今回は、校門にある壁画をどのようにきれいにしたらよいか、話し合いたいと思います。なるべく多くの人の意見を生かして、壁画をきれいにする方法を決めましょう。何か意見はありますか。

たくや　はい。

司　会　たくやさん、どうぞ。

たくや　ぼくは壁画をかき直した方がよいと思います。今、かいてある絵はとても古く、所々がはがれています。見た目もよくないので、一度全部消して、ぼくたちが考えた新しい絵をかいた方がよいと思います。

司　会　ほかにありますか。

ひろし　はい。

司　会　ひろしさん、どうぞ。

ひろし　賛成です。壁《かべ》にかいてあるのは、30年前の学校の周りの風景です。今はかなり変わっています。だから、新しく今の風景をかく方がよいと思います。

司　会　ほかの意見はありますか。

まゆみ　はい。

司　会　まゆみさん、どうぞ。

まゆみ　確かに壁画は古くなっているし、かいてある風景も今とはまったく違います。父から聞いたのですが、あの絵は父たちがこの学校を卒業するときにかいたものだそうです。わたしは、あの絵がなくなってしまうのは、少しさびしいような気がします。だから、今の絵をそのまま残して、色をぬりなおした方がよいと思います。

あきら　はい。

司　会　あきらさん、どうぞ。

あきら　学校の周りの様子が変わってしまった今だからこそ、昔の風景を残すことも大切なのではないでしょうか。だから、絵はそのまま残して、色をぬりなおす方がよいと思います。

ゆうこ　はい。

司　会　ゆうこさん、どうぞ。

ゆうこ　先日行った、南町公園の壁には、今までとは違《ちが》う新しい絵がかかれていました。そのおかげで公園全体が明るくなり、前より楽しく遊べるようになりました。絵を新しくすることもよいのではないかと思います。

司　会　ありがとうございました。今、意見が大きく二つに分かれ

平成二八年度
市立太田中学校入試問題

【作　文】（四五分）

【問題】

あなたの学級には、次のようなことでなやんでいる三人の友だちがいます。それぞれの友だちのなやみはどんなことかよく読み、あとの【課題】に答えましょう。

目標を決めて、「がんばるぞ」と言って何かを始めるのに、いつもそれが長続きしないでなやんでいる**まさお**くん

調べたことをまとめて発表する学習で、発表する内容はすばらしいのに、伝え方が上手でなくなやんでいる**れいこ**さん

バスケットボール部で、毎日一生懸《けん》命に練習しているのに、レギュラー選手になれずになやんでいる**ひろし**くん

【課　題】

あなたがこれらの友だちに声をかけるとしたら、どのようなことを言いますか。次の指示にしたがってあなたの考えを書きましょう。

《指　示》

① まず、三人の中からだれに声をかけるかを一人決め、「私は、○○くん（さん）に、『□□□□……』と声をかけます。」という書き出しで始めること。

② 次に、そのような声をかける理由を、今までのあなたの経験を入れて書くこと。

③ 全体で四百字以上、六百字以内にまとめること。

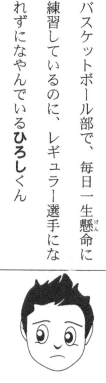

解答用紙集

○月×日　△曜日　天気（合格日和）

◆ご利用のみなさまへ
＊解答用紙の公表を行っていない学校につきましては、弊社の責任において、解答用紙を制作いたしました。
＊編集上の理由により一部縮小掲載した解答用紙がございます。
＊編集上の理由により一部実物と異なる形式の解答用紙がございます。

人間の最も偉大な力とは、その一番の弱点を克服したところから生まれてくるものである。 ――カール・ヒルティ――

東京学参株式会社

群馬県公立中等教育学校・中学校　2024年度

◇適性検査Ⅰ◇

※ 141％に拡大していただくと，解答欄は実物大になります。

【問題１】

(1)

(2)

日間

【理由】

(3)

①

②

（１字あけずに，「→」から横に書きましょう。また，段落《だんらく》での改行はしないで続けて書きましょう。句読点も一字に数えます。）

→

(100字)

(120字)

(4)

（１字あけずに，「→」から横に書きましょう。また，段落《だんらく》での改行はしないで続けて書きましょう。句読点も一字に数えます。）

→

(80字)

(100字)

【問題２】

(1)

(2)

（１字あけずに，「→」から横に書きましょう。また，段落《だんらく》での改行はしないで続けて書きましょう。句読点も一字に数えます。）

→

(20 字)

(40 字)

(3)

班

【理由】

(4)

m

c m

(5)

（１字あけずに，「→」から横に書きましょう。また，段落《だんらく》での改行はしないで続けて書きましょう。句読点も一字に数えます。）

→

(80 字)

(100 字)

◇適性検査Ⅱ◇

県立中央中等教育学校　２０２４年度

※１４３％に拡大していただくと，解答欄は実物大になります。

問一　（どちらかに○）

（　　）ぬりはしばこ

（　　）ぬりばしばこ

樹形図

問二

問三

問四

問五　（一字あけずに書きましょう。また、段落《だんらく》での改行はしないで、続けて書きましょう。）

◇作文◇

市立太田中学校　２０２４年度

※１２５%に拡大していただくと、解答欄は実物大になります。

【課題１】

（二十字×十行）

5行

10行

200字

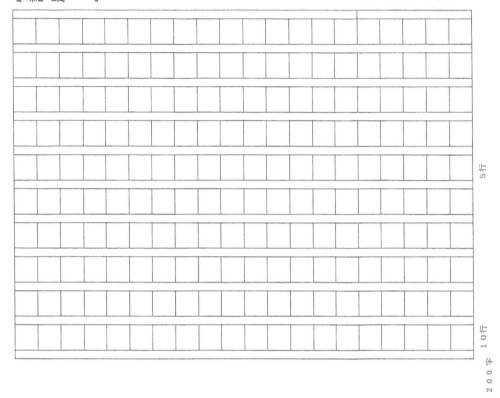

【課題2】

（二十字×二十行）

5行

10行

15行

20行

400字

群馬県公立中等教育学校・中学校　2023年度

◇適性検査Ⅰ◇

※ 141％に拡大していただくと，解答欄は実物大になります。

【問題１】

(1)

①ア

人

②イ

(2)

ア

％

イ

人

(3)

修正案【言葉】

下書きの　　　　を　　　　。

修正案【イラスト】

下書きの　　　　を　　　　。

(4)

①ア

②イ

（１字あけずに，「→」から横に書きましょう。また，段落《だんらく》での改行はしないで続けて書きましょう。句読点も１字に数えます。）

→

(100字)

(120字)

【問題２】

(1)

（１字あけずに，「→」から横に書きましょう。また，段落《だんらく》での改行はしないで続けて書きましょう。句読点も１字に数えます。）

→

(40字)

(60字)

(2)　【Ⓐの長さ】

m　　cm

【理由】

(3)　【玉を投げる場所からかごまでのきょり】　　【かごの高さ】

m　　m

【理由】

(4)

(5)

石山　公太さんへ

（１字あけずに，「→」から横に書きましょう。また，段落《だんらく》での改行はしないで続けて書きましょう。句読点も１字に数えます。）

→

(100字)

(120字)

６年　田中　正人

◇適性検査Ⅱ◇

県立中央中等教育学校　２０２３年度

※１３７％に拡大していただくと，解答欄は実物大になります。

【問題Ⅰ】

問一

問二

【問題Ⅱ】

問一　（一字あけずに書きましょう。また、段《だん》落での改行はしないで、続けて書きましょう。）

問二　（一字あけずに書きましょう。また、段落での改行はしないで、続けて書きましょう。）

問三

◇作文◇

市立太田中学校　２０２３年度

※１２５％に拡大していただくと、解答欄は実物大になります。

【課題１】

（二十字×十行）

5行

10行

200字

【課題2】

（二十字×二十行）

400字

◇適性検査Ⅰ◇

※ 143％に拡大していただくと，解答欄は実物大になります。

【問題１】

(1)

(2)

(3)

遅くとも　　　時　　　分までに出発しなければならない。

(4)

①ア

（１字あけずに，「→」から横に書きましょう。また，段落《だんらく》での改行はしないで続けて書きましょう。句読点も一字に数えます。）

→

(100字)

(120字)

②イ

ウ

(5)

（１字あけずに，「→」から横に書きましょう。また，段落《だんらく》での改行はしないで続けて書きましょう。句読点も一字に数えます。）

→

(60字)

(80字)

【問題２】

(1)

①ア

②イ

(2)

（1字あけずに，「→」から横に書きましょう。また，段落《だんらく》での改行はしないで続けて書きましょう。句読点も一字に数えます。）

(3)　【必要なカードのまい数】　　　【カードの大きさ】

まい　　　たて　cm　　横　cm

【理由】

(4)

【反省点１】

【反省点２】

◇適性検査Ⅱ◇

県立中央中等教育学校　２０２２年度

※１４７％に拡大していただくと、解答欄は実物大になります。

【問題】

問一

問二

問三（一）

ア	イ	ウ
エ	オ	カ

問三（二）

問四

※１２５%に拡大していただくと、解答欄は実物大になります。

市立太田中学校　２０２２年度

◇作文◇

（二十字×十行）

【課題１】

５行

１０行

【課題2】

（二十字×二十行）

群馬県公立中等教育学校・中学校　2021年度

◇適性検査Ⅰ◇

※ 149％に拡大していただくと，解答欄は実物大になります。

【問題１】

(1)

(2)

ア

イ

ウ

エ

(3)

（１字あけずに，「→」から横に書きましょう。また，段落《だんらく》での改行はしないで続けて書きましょう。）

→ (20字)

(40字)

【問題２】

(1)

(2)

まい

(3)

①

②

③

(4)

（１字あけずに，「→」から横に書きましょう。また，段落《だんらく》での改行はしないで続けて書きましょう。）

→

(80字)

(100字)

(120字)

◇適性検査Ⅱ◇

群馬県公立中等教育学校・中学校　２０２１年度

※１５２％に拡大していただくと，解答欄は実物大になります。

【問題】

問一（一字あけずに書きましょう。また、段落《だんらく》での改行はしないで、続けて書きましょう。）

100　120

問二（一字あけずに書きましょう。また、段落での改行はしないで、続けて書きましょう。）

100　200

問三

問四

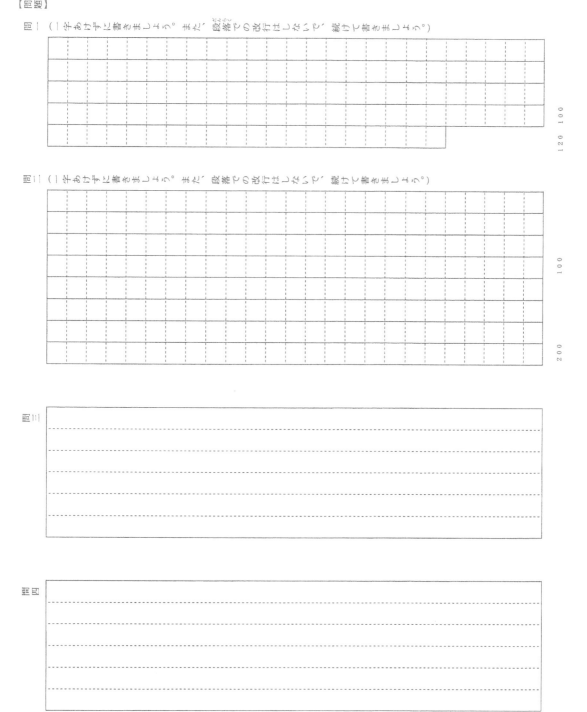

◇作文◇

市立太田中学校　２０２１年度

※１１８％に拡大していただくと、解答欄は実物大になります。

【課題１】

（十五字×二十行）

300字

【課題２】

（十五字×二十行）

群馬県公立中等教育学校・中学校　2020年度　◇適性検査Ⅰ◇

※ 154％に拡大していただくと，解答欄は実物大になります。

【問題１】

(1)

ア　（人）

イ　（％）

(2)

①

（チーム分け）

（試合のルール）

②　（１字あけずに，「→」から横に書きましょう。また，段《だん》落での改行はしないで続けて書きましょう。）

→

（60字）

（80字）

(3)

（１試合の時間）　（分）

（理由）

(4)　（１字あけずに，「→」から横に書きましょう。また，段《だん》落での改行はしないで続けて書きましょう。）

→

（80字）

（100字）

【問題２】

(1)

ア

イ

(2)

①

②　（１字あけずに，「→」から横に書きましょう。また，段《だん》落での改行はしないで続けて書きましょう。）

→

(60字)

(80字)

(3)

ア

イ　（グラム）

(4)

①

②　（１字あけずに，「→」から横に書きましょう。また，段《だん》落での改行はしないで続けて書きましょう。）

→

(80字)

(100字)

◇適性検査Ⅱ◇

群馬県公立中等教育学校・中学校　２０２０年度

※１５４％に拡大していただくと、解答欄は実物大になります。

【問題】

問一

問二

問三

(1)

(2)

問四

◇作文◇

市立太田中学校　２０２０年度

※１７９％に拡大していただくと、解答欄は実物大になります。

【課題１】

（二十字×三十行）

100字

200字

300字

400字

500字

600字

【課題２】

ということ。

〈ダウンロードコンテンツについて〉

本問題集のダウンロードコンテンツ、弊社ホームページで配信しております。現在ご利用いただけるのは「2025年度受験用」に対応したもので、**2025年3月末日**までダウンロード可能です。弊社ホームページにアクセスの上、ご利用ください。

※配信期間が終了いたしますと、ご利用いただけませんのでご了承ください。

中学別入試過去問題シリーズ

県立中央・市立四ツ葉学園中等教育学校・市立太田中学校　2025年度

ISBN978-4-8141-3112-9

[発行所] 東京学参株式会社
〒153-0043　東京都目黒区東山2-6-4

書籍の内容についてのお問い合わせは右のQRコードから　⇒

※書籍の内容についてのお電話でのお問い合わせ、本書の内容を超えたご質問には対応できませんのでご了承ください。

2024年5月30日　初版